JN187862

出版人に聞く 18

野上暁
NOGAMI Akira

小学館の学年誌と児童書

論創社

小学館の学年誌と児童書　目次

第Ⅰ部
1 前口上 2
2 東京生まれで長野へと疎開 4
3 父親の復員と飯山での生活 6
4 初めて買った雑誌が『小学一年生』 7
5 子ども雑誌の付録 10
6 児童文学とカバヤ文庫 12
7 カバの宣伝カーの記憶 16
8 戦後の子どもの遊び 19
9 石投げ、印地打、駆逐水雷 22
10 農繁休暇と採集遊び 24
11 フラフープ、週刊誌、ダッコちゃん 28
12 高度成長期を迎えて 32
第Ⅱ部
13 飯山の書店と古本屋 36
14 歴史とメディアに目覚める 38
15 学研と旺文社 41
16 『平凡』と『明星』 43
17 児童書出版の隆盛 44
18 児童文学体験はほとんど無かった 46
19 大学時代と長野県人寮 49
20 出版社も権力に対峙していた 51
21 マスコミの就職事情 54
第Ⅲ部
22 小学館入社 58
23 一九六七年の小学館状況 60

24 白土三平『忍者武芸帳』 62
25 手塚治虫『エンゼルの丘』 65
26 『小学一年生』編集部配属と書店研修 67
27 手塚治虫の担当となる 70
28 兼六館労働争議 74
29 ウルトラ怪獣との出会い 77
30 怪獣大図解とスペル星人問題 79
31 絵本、『ウルトラ怪獣入門』、『怪獣図解入門』 81
32 小学館の学年誌状況 83

第Ⅳ部

33 出版業界の成長と原稿料 88
34 学年誌の発行部数 91
35 永井豪「なぞなぞぼうやXくん」 95
36 松谷みよ子と童話連載 97
37 辺見じゅん、角川春樹、『日本の民話』 101
38 『野生時代』創刊エピソード 104
39 角川春樹と飛鳥新社 107

第Ⅴ部

40 『小学一年生』の編集長になる 112
41 『国際版少年少女世界童話全集』のことなど 116
42 コミックスの刊行 120
43 多くの肩書のある名刺 123
44 『21世紀こども百科』の企画 126
45 『こども百科』のシリーズ化 130
46 児童書から一般書へ 132
47 『新編日本古典文学全集』 135

48 鷲尾賢也と松本昌次『わたしの戦後出版史』 138
49 網野善彦『蒙古襲来』 140
50 文芸編集部の立ち上げ、松岡圭祐、嶽本野ばら 142
51 片山恭一『世界の中心で、愛をさけぶ』 145
52 翻訳絵本と児童書専門店 148
53 小学館クリエイティブ設立と『正チャンの冒険』復刻 151
54 『影』と『街』の復刻 153
55 『火星探険』『汽車旅行』を始めつぎつぎと復刻 155

第Ⅵ部

56 児童文学者、研究者としての野上暁 160
57 子ども調査研究所、斎藤次郎、山中恒 162
58 一九七九年『おもちゃと遊び』の刊行 165
59 戦後児童文学史再考 168
60 児童文学者の戦争責任問題 170
61 中村書店の漫画 172
62 戦後の児童書と児童雑誌の出版 174
63 『赤い鳥』と鈴木三重吉代作問題 177
64 「少年文学の旗の下に」とその反響 179
65 現代児童文学の誕生 182
66 六〇年代以後の新しい作家の出現と創作児童文学の出版点数の増加 183
67 児童書と電子書籍問題 186
68 越境する児童文学への注視 188

資料

現代子どもの文化史年表（野上暁『おもちゃと遊び』所収） 192
小学校と図書室（小田光雄『図書館逍遥』所収） 201
あとがき 205

小学館の学年誌と児童書

インタビュー・構成　小田光雄

第Ⅰ部

1　前口上

――今日は児童文学者、評論家の野上暁さんにお越し頂きました。よろしくお願いします。

野上　いやいや、こちらこそ。

――野上さん自らの紹介というのは照れくさいでしょうから、私が代わりを務めます。

野上さんは『おもちゃと遊び』（現代書館）、『〝子ども〟というリアル』『日本児童文学の現代へ』（いずれもパロル舎）、『子ども学　その源流へ』（大月書店）、『越境する児童文学』（長崎出版）などの子どもと児童文学に関する評論集、実際の創作として絵本『あいうえおばけのおまつりだ』（絵・美濃瓢吾、長崎出版）、『考える絵本　子ども・大人』（大月書店）や『ぼくらのジャングルクルーズ』（理論社）といった共作絵本や児童文学も著わしているので、よくご存じの読者も多いと思います。

またその一方で、昨年亡くなった元講談社の鷲尾賢也さん、岩波ブックセンターの柴田

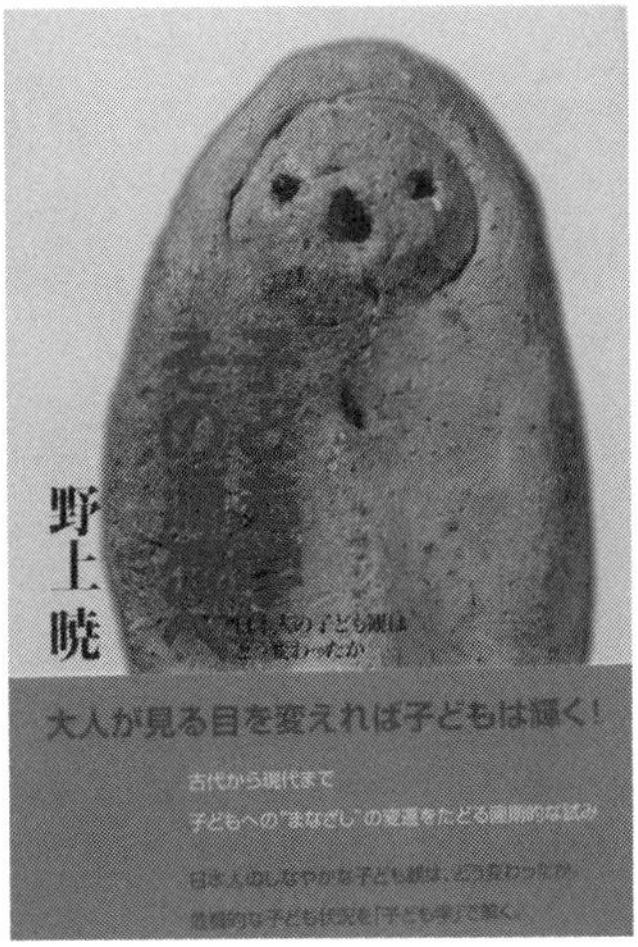

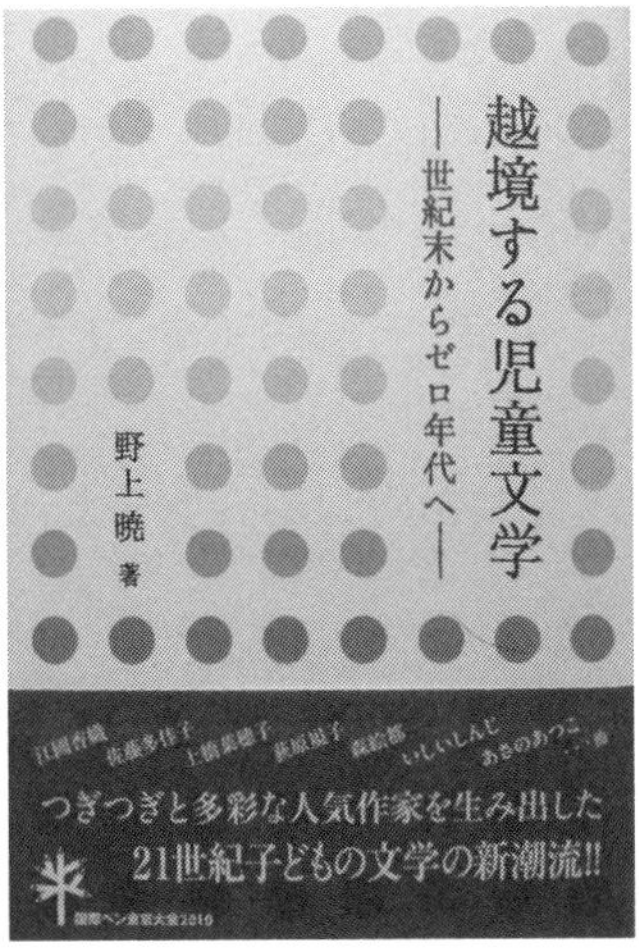

信さんたちが立ち上げた「本の街・神保町を元気にする会」の小冊子『神保町が好きだ！』の編集者でもあります。

それから以前は本名のほうの上野明雄として小学館に勤務し、『小学一年生』などの学年誌、児童書、学術・文芸書の編集にも携わっておられました。そして、『21世紀こども百科』『日本20世紀館』などの事典類の企画・編集にもかかわっておられる。まだまだ付け加えたいことはいくつもあるのですが、それらはインタビューの過程で取り上げることにします。

野上さん、こんな紹介でかまいませんか。

野上　それで十分ですよ。何となく気恥ずかしいし。

2　東京生まれで長野へと疎開

――それではこのような野上暁＝上野明雄さんの紹介をイントロダクションにして始めさせて頂きます。

これは「出版人に聞く」シリーズ16、17の井家上隆幸さんや植田康夫さんの話をうかがっていて、あらためて確認したわけなんですが、戦前から高度成長期以前に生まれた世代は現在とまったく社会環境がちがっている。それに地方と都市の較差というもののものすごくあった。

野上　それは本当にちがいますよね。僕が生まれたのは一九四三年八月三十一日です。

――というと昭和十八年の戦時下ですね。

野上　生まれたのは東京の順天堂病院、家は蔵前の国技館の近くだったようです。ところが生まれて三ヵ月後に親父が出征するはめになった。丙種合格で、しかも近眼がひどく、剣道で指を痛めていて指が動かないこともあって、鉄砲が撃てないから、戦争にいかないでいいといっていたようなんですが。

――この年に第一回学徒出陣が始まり、徴兵年齢も十九歳まで引き下げられていますので、これまで徴兵除外されていた人たちも出征の対象になったという事情が反映している。

野上　そういうことでしょうね。それで十八年の十二月に出征し、金沢の第六連隊に入隊した。家族のほうは国内だから早く帰ってくるだろうと思っていたし、親父も風呂敷一つぐらいの荷物でいったわけです。でもずっと帰ってこなくて、復員してきたのは二十一年の冬で、二月ぐらいじゃなかったかな。

だから生まれて間もなくから父親はいないも同然で、三歳ぐらいになったところにいきなり現われたことになる。十九年に長野の祖母の実家に疎開し、おふくろと祖母、ひいおばあちゃんという女所帯の中で育っていたから、そこに男一人が帰ってきたことは何となく違和感があり、親父というのはこわいだけで、ずっと親しめなかったという事情も生じました。

3　父親の復員と飯山での生活

――　母親の手で育てられた小学生の男の子が父親の復員によってのけ者にされたような気持ちに追いやられる『黄色いからす』という映画がありましたね。あれは原作が集英社から出ていたはずです。ちょっと著者は思い出せないけれど。

野上　映画監督は五所平之助で、戦後の復員と家族問題を扱った秀作でした。この映画と同様に、僕のところでも妹が生まれましたし。

その頃は田舎でも食べるものもないし、お金もないから大変だった。妹が生まれた時におふくろのおっぱいが出なかったので、おばあちゃんと一緒にヤギの乳をもらいにいったこともある。

――　疎開してからずっと長野暮らしだったんですか。

野上　そうです。それでも家族が増えたこともあり、一九四八年に疎開先の家から引越している。引越しにあたっては家を買ったわけだけど、その家が引越してから一週間後に全焼してしまった。それは背中合わせになっている家から火が出たためで、こちらも焼け出され、ずっと苦労して家を買ったのに、また仮住まいしなきゃいけないという感じだった。親父はパン屋というか、自転車で隣の町のパン屋からパンを仕入れてきて売っていた。僕が小学一年生の夏に呉服屋の土蔵を借り、そこを改良し、菓子パンなども置く菓子屋を始めた。戦後の庶民の特有の小商いというところですね。だから貧しくて本を買ってもらったことはなかった。

4　初めて買った雑誌が『小学一年生』

――雑誌も含めてですか。

野上　そうとばかり思いこんでいたのですが、かなり前に小学一年生の時の絵日記が出てきた。それを見たら、正月にお年玉をもらったので、『小学一年生』を買い、その表紙を描いていた。それで思い出した。周りの子どもたちはいつも買ってもらっていたのに、僕は初めて買ったものだからわからなくて、本来ならば二月号が出ているはずなのに、一月一日に開いている本屋で買ったこともあり、一月号を買ってしまったということなんでしょう。生まれて初めて買った雑誌の編集者に自分がなるなんて考えもしなかった。

――そういうことっていつまでも覚えているものですよね。

野上　でもそれは買ってもらったというよりも、自分がお年玉で買ったもので、やはり雑誌も買ってもらえなかった。ただその代わりに借りられる環境にあった。

親父が菓子屋を始めた場所は昔の芸者街というか色町で、ちょっと先に見番の跡があったりした。それで芸者さんの子どもとか、料亭に勤めている母一人子一人みたいな子どもたちが多くいた。そういう親たちは僕たちよりも金回りがよかったので、子どもたちに雑誌を買い与えていた。だからその連中から借りて読んだ。

――それはどんな雑誌だったんですか。

野上　『冒険王』とか『おもしろブック』とか、当時の少年誌は全部揃うほどだった。これは定かに覚えていないけれど、たぶんメンコを三枚やるから貸してくれとかいって、色々と交換条件を出すことで貸してもらったはずです。

――それらの中で印象に残っているものはありますか。

野上　それは馬場のぼるの『ポストくん』という漫画ですね。その頃ちょうどラジオでロビン・フッドをやっていた。『ポストくん』の中でもロビン・フッドもどきに空き地の広場のところをシャーウッドの森として、自分たちの陣地と旗を作り、黒パン党という隣町の連中と合戦する。遊びなのか喧嘩なのかわからないけれど、とても面白かった。この頃のことは近著の『子ども文化の現代史』（大月書店）でくわしく紹介していますが、あれは昭和二十六、七年だったんじゃないかな。

――その『ポストくん』を読みたいと思い、『馬場のぼる集』（『第二期現代漫画』4、筑摩書房）を入手したのですが、残念ながら収録されていませんでした。でも馬場の略歴紹介のところに、「小学館の学習雑誌に児童漫画を描き始める。『ポストくん』『山から来た河童』等の傑作で人気を博す」とあり、野上さんと小学館の縁《えにし》がここにもあったのだと思いました。

馬場のぼる「ポストくん」
（『少年漫画劇場』11、筑摩書房）

私にしても少年時代に「出版人に聞く」シリーズ14の原田裕さんが企画編集した『江戸川乱歩集』、同じく17の植田康夫さんの処女作『現代マスコミスター』などを読んでいまして、まさかこのようにインタビューすることになるとは考えてもいませんでした。

前川かずお氏と「漫画集団」忘年会で

野上　でも読書の記憶というのは巡り巡ってどこかでつながったりする。それが面白いところで、僕も『ポストくん』が連載されていたのが小学館の兄弟会社の集英社から出版されていた『おもしろブック』だと知ったのはずっと後のことでした。つながりといえば、新入社員の頃からお世話になった、イラストレーターで後に昆虫カメラマンになった奥山ひさしさんと、やはり親しくおつきあいいただいたマンガ家の前川かずおさんが、二人とも馬場先生のお弟子さんだったというのも奇遇です。そのつながりで馬場先生のお宅にうかがったり、仕事もお願いしました。

5　子ども雑誌の付録

――『ポストくん』の他にも記憶に残っているものはありますか。

野上　子ども雑誌に関していうと、昭和三十年前後、一九五五、六年が月刊誌の黄金時代だったと思う。その頃の『少年』の組み立て付録はすごく人気があった。僕は例によって買ってもらえなかったけれど、今でも覚えているのは付録のレコードが本当に音が出るというもので、そこに針を落とすとかすかに音が出てくる。昔のコロンビアの犬が聴いているみたいな感じのラッパが付いていて、手回しでやると、メロディが流れてくる。細部の記憶はあやふやですが、これがまさに組み立て付録だった。

——少年雑誌の付録というのは戦前の『少年倶楽部』などからの蓄積がものすごくあり、それが戦後になっても保たれていたということなんでしょうね。

平凡社のムック『おまけとふろく大図鑑』（『別冊太陽』）を見てみますと、そのレコードの組み立て付録はないけれど、ちょうど五〇年代の『少年』の付録で、天体地上望遠鏡、学習スライド映写機、天然立体テレビジョン映画などが掲載されています。

野上 そうそう、そのほかでは、幻燈機も大人気

「少年」28年11月号
中に電球を入れ、川上選手などが映っている付属のフィルムを筒と箱の間に入れて映写する。この様な仕組みのふろくが流行した。

『別冊太陽 おまけとふろく大図鑑』平凡社より

でした。

――私などの世代で覚えているのは日光写真機ですね。でも六〇年代に入ると、別冊漫画が増えていって、組み立て付録の影が薄くなっていったような気がします。

野上 今になってみればよくわかるけれど、配送の問題もあって、別冊漫画のほうが付録として楽だったからでしょう。

――まさにそうですね。読者はともかく、出版社、取次、書店にとって組み立て付録は生産や流通も気を遣うし、とりわけ書店の場合は現場で付録を本誌にはさむ手間がかかるので、別冊漫画のほうが歓迎される。それで六〇年代になって組み立て付録もすたれていったと考えられます。

ところで本のほうはどうだったんでしょうか。

6　児童文学とカバヤ文庫

野上 本はまったく買ってもらえなかったから、ほとんど読んでいないけれども、記憶している中で最も古いのは『ノンちゃん雲に乗る』で、これはおふくろが読んでくれた。

ただ学校に上がる前だったこともあり、さっぱりわからなかった。

――それはおそらく最初の大地書房版ですね。

野上 そうだと思います。それから他にも壺井栄の『母のない子と子のない母と』や坪田譲治の『善太と三平』なんかも読んでもらったけれど、これらもよくわからなかった。おふくろがこれらの児童文学を読んでくれたのはおそらくそういう時代の風潮があったんじゃないかな。それでもかろうじて覚えているのは『善太と三平』で、善太か三平が橋の欄干のところを歩いていって落ちそうになるところです。その後読んでいないのだが、その場面が印象に残っている。

小学一年生になって初めて買ってもらったのは浜田広介の『ひらがな童話集』という厚い本で、出版社はどこだったかな、ちょっと思い出せない。後はほとんど買ってもらっていない。

――絵本なんかはどうだったんでしょうか。

野上 まだ幼稚園の頃でしたけど、田舎でも戦前の講談社の絵本がかなり揃っている家があって、結構読みましたよ。木口小平は死んでもラッパを離しませんでしたといった内容でしたが、そういえば、『乃木大将』なんていう絵本もあった。

その他の読書体験というのはカバヤ文庫に尽きますね。

―― 俳人の坪内稔典に『おまけの名作カバヤ文庫物語』（いんてる社）がありますが、どんな感じの本なのですか。実物は見ておりませんので。

野上　カバヤ文庫でまず思い出されるのは紅梅キャラメルのことです。このあたりも、『子ども文化の現代史』（大月書店）にくわしく書きましたが、うちが菓子屋を始めた頃に、この紅梅キャラメルが流行っていた。このキャラメルを買うと、一箱に一枚野球カードが入っていて、例えば十枚揃えて巨人軍チームを作ったりする。そうすると賞品をもらえる。それは巨人軍監督だった水原茂編

『少年野球手帖』を始めとして様々にあり、バットやグローブも賞品に挙げられていた。ただ紅梅キャラメルは途中でつぶれてしまったので、集めたけれども、もらえなかったという子どももいた。そんなこともあってか、僕の場合は紅梅キャラメルで賞品をもらったという記憶はまったくない。

――紅梅キャラメルのことは先の『おまけとふろく大図鑑』にも出てきます。それに続いてカバヤ文庫とその目録も掲載されていて、両者が文字通り戦後の「おまけ」のスター的存在だったとわかる。

野上　カバヤ文庫もカバヤキャラメルに入っていた文庫券を集めると、近所の菓子屋でも交換できたこともあって、うちの菓子屋にも置かれていた。でも店の商品だったから、これには手をつけられなかった。

カバヤ文庫というのは一九五二年から五四年にかけて、全部で一五九冊、二五〇〇万部が刊行されたといわれ、B6判ハードカバー、一二五ページの世界名作のダイジェスト版なんです。一〇円のカバヤキャラメルの箱の中に色んな文庫券が入っていて、基本的には五〇点で本一冊をもらえるわけですが、五〇点のラッキーカードがあったり、「カ・バ・ヤ・文・庫」の五文字のカードを揃えたりすると一冊がもらえたりもして、色々と今でいうオプションがついていた。

――ということはそれこそラッキーならば、一〇円か五〇円で一冊が手に入ったことになるわけですね。

野上　そういうことです。当時の児童書は百円前後していましたから、それもとても魅力だった。

それにカバの格好をした宣伝カーが全国を回っていて、長野にもきた。

7　カバの宣伝カーの記憶

――長野の写真家熊谷元一がそのカバ自動車の写真を撮っていて、それが『おまけとふろく大図鑑』にも掲載され、五三年となっています。

野上　だったら実際に僕が見たのもそれだったかもしれない。それが田舎にくるとわかって昂奮したことを覚えている。当時の田舎道は車なんてほとんど通らないし、舗装もされていないから、カバの宣伝カーが砂煙を上げて走ってきた。カバヤの歌を流しながら、後ろからカバヤのカードをばらまくわけです。僕たちはそれを拾って集め、その後か

カバヤの宣伝カー（『別冊太陽 おまけとふろく大図鑑』平凡社より）

らついていくと、公民館でカバヤの子ども祭みたいなものが開かれた。その頃は「三つの歌」が流行っていたので、アコーディオンに合わせて「三つの歌」を歌うと、カバヤ文庫を一冊くれるというんです。五十畳敷ぐらいの広い公民館にびっしり子どもが集まっていて、誰もがほしいので、はいはいと手を挙げるのだけど、なかなか当ててもらえない。それでまだ学校に上がっていない弟が一緒にいたので、彼を抱き上げて当ててもらった。ところが段上に呼ばれたまではよかったが、上がってしまい、声が裏返って歌えなかった。それでもとにかく一冊はもらいましたけどね。

――戦後の高度成長期以前の田舎の光

景が目に浮かぶようです。外から何かがやってくること自体が一種の祭のようだった時代が確かにありましたものね。

それから私はカバヤ文庫体験がまったくないので、坪内の『おまけの名作』や先の『おまけとふろく大図鑑』の「カバヤ文庫」目録で知ったのですが、序文を書いている人たちが錚々たるメンバーであることにも驚かされました。

野上 僕は古本屋で買った十数冊しか手元にないけれど、すべてに序文が入っていて、桑原武夫、生島遼一、伊吹武彦、貝塚茂樹、吉川幸次郎、大山定一、今西錦司などが書いている。これはカバヤが岡山にあったこと、カバヤ文庫の企画編集者の原敏が同志社大学出身だったことが関係し、京大の教授から助手や大学院生まで総動員されたんじゃないかと推測しています。

――彼らの他に岡正雄、石田英一郎などの文化人類学関係者や吉田健一、中野好夫の名前も混じっていたりして、京都だけにとどまらず、東京の人脈にも及んでいる。それにリライトしたメンバーの中には五味康祐などもいたようで、本当に多彩な人たちが集まり、それがカバヤ文庫の魅力を引き立てるファクターだったんでしょうね。

野上 それは間違いないね。作者名も訳者名もまったく入っていないけれど、おまけの児童書とは思えないほどの立派な文章だし、今読んでもちょっとびっくりするくらいですから。まさに坪内さんの『おまけの名作』というタイトルがぴったり合ってしまう。いいタイトルをつけたものだと感心します。

8　戦後の子どもの遊び

――私も同感です。

さてここまでは野上さんの子ども時代の雑誌や本、読書にまつわる話をうかがってきたわけですが、次にこれも野上さんの処女作『おもちゃと遊び』にちなんで、戦後の子どもの遊びについてお聞きしたいと思います。これは私なども同様ですが、テレビの出現以前の田舎の遊びというものは採集遊びが基本だった。何かをとりにいく、それは魚、鳥、甲虫といった生物だったり、木の実やミカンなどだったりした。おそらく古代の頃から子どもはそのように暮らしてきたんじゃないかと思うし、自然を相手にする、資本主義化していない子どもの遊びを体験してきた。

それが高度成長期を経るにしたがって変わってくる。野上さんが『おもちゃと遊び』の

巻末に収録された一九五九年以後の「現代子ども文化史年表」はそれをクロニクルとして浮かび上がらせています。これはこのインタビューにも資料として掲載したいのですが、どうでしょうか。

野上　かまいませんよ。近著の『子ども文化の現代史』には、さらに詳細な年表を入れましたが、僕もこのように「子ども文化史」と併走するようにして、編集者を務めてきたわけで、これは僕自身の同時代史に他なりませんしね。

それからあなたがいわれた資本主義化されていない採集遊びなんですが、小遣いをもらうということがなかった社会背景を前提としている。僕が思い出すのは春先になって雪が溶けてくると、まずフキノトウをとりにいく。一番先に出てくるフキノトウだからで、その次に出てくるのがゼンマイです。ただフキノトウにしてもゼンマイにしても、子どもが食えるものではない。

―― そうですね。フキノトウの天ぷらは酒の肴にすれば、おいしいけれども、子どもの嗜好には合わない。

野上 当時の田舎では天ぷらにもしないし、フキ味噌にするぐらいだった。ゼンマイだってそのまま食べるものではないから、灰をまぶして乾燥させ、冬になって食べるものだし、子どもにとってうまいものではなかった。それはワラビにしてもウドにしても根曲がりのタケノコにしても同じだった。

―― つまり子どもにしてみれば、文字通り採集遊びということになる。

野上 そのとおりで、そういうことが面白くてやりたくなるというのは一種の野生、小さい子どもが本能的に備えている野生だと思うのですよ。魚をつかまえることもそうだし。

―― それから合戦ごっこというのもみんなそうなのではないでしょうか。

9　石投げ、印地打、駆逐水雷

野上　『ポストくん』ごっこをやったりしていても、最後には石投げになってしまう。中にはゴム鉄砲を持ってきて、石を飛ばしたりして怪我をする子どもも出た。それで大騒ぎになり、終わりを迎えるようなこともあったりした。だからこれは江戸時代における印地打みたいなもので、僕らの子どもの頃まではそういう遊びがまだ続いていた。

――少し注釈を加えておきますと、森末義彰、日野西資孝編『風俗辞典』（東京堂出版）によれば、印地打とは小石を打ち合う民俗から転じて、石合戦の遊戯となったものです。これは原始時代に鳥獣を打ちとることから始まり、源平時代には軍兵の実戦に使われ、江戸時代になって民俗的行事となったとされています。

なぜこれを補足したかといいますと、小池一夫と小島剛夕の『子連れ狼』の其之二十「鐘役辻源七」に印地打鉄礫《いんじうちつぶて》が出てくるので、その印地打という呼び名を覚えていたこともありますが、このようなコミックにも物語のファクターとして盛りこまれていたことに留意したいと考えたからです。

野上　『子連れ狼』の中に印地打が出てきたのは覚えていないな。

――私の場合は『子連れ狼』でその言葉を初めて知ったので、ずっと記憶に残ったのだと思います。

野上　なるほど、僕なんかは言葉を知っていたから、逆に印象に残らなかったのかもしれない。その他に集団でやって面白かったのは駆逐水雷ですね。東京だと水雷艦長というみたいですけど。

この駆逐というのは帽子を脇にやって、水雷を後ろに置き、本艦を前に出し、水雷は本艦に勝つけど、駆逐にやられてしまうとかね。本艦同士は帽子を取り合ってやるので、小さい子まで含めて十人以上いないと面白くない。十何人ぐらいが集団に分かれ、二、三十人が町の中で端と端に陣地をとり、走り回ってやったわけです。それも印地打と同じような肉弾戦に近いものがあった。

――そういった野上さんの個人的体験をふまえて『おもちゃと遊び』における最初の遊びの問題が書かれているわけですね。またそれへのこだわりが『おもちゃと遊び』にこめられたモチベーションであることがとても強く伝わってくる。

野上　そうなんです。戦後のあの時代に田舎で育ったということは切り離せない。それは僕の雑誌編集者としての仕事にも大きな影響を与えている。

それから駆逐水雷といった遊びとは別に、やっぱり食うものがなかったので、実際に自然の中にあって食えるものに出会うことはうれしかった。先述しましたように、春先の山菜は子どもが食えるものではなかったけれど、桑の実やグミはうまかった。ただ桑の実は早く食べたり、食い過ぎたりすると、腹を下したり、疫痢になるといわれていた。グミとかスグリはあまりなかったし、野イチゴも腹の足しになるほどは見つからなかった。

それでも秋になると、山栗や山ブドウやアケビがあり、アケビはかなり甘かった。もっとも今食べたらとてもじゃないし、あんな甘さじゃ満足できないでしょうけど。アケビのツルを夏のうちから探しておいて、時々見にいき、十月ぐらいに入って紫色になり始めたのを人にとられないうちにいかにとるかに熱中していた。

その頃は春先に田植え休みが六月にあり、確か十月には稲刈り休みがあった。

10　農繁休暇と採集遊び

――農繁休暇と呼ばれたものですね。

野上　そうそう。ところが僕の家は町場だったので農作業はないし、農繁休暇だから宿題もないわけで、ほとんど山にいったりしていた。それで栗だったらどこにいけばあるのか、トチの実はそこにいけばあるとかを知り尽くすようになった。

――マムシの危険性はなかったのですか。

野上　マムシはいました。春先には必ずいた。根曲がりのタケノコが出ている笹竹というのはほとんどが崖で、そういうところにマムシがいた。まだガキのくせにマムシをつかまえるのがうまい奴がいて、そいつはどうやってつかまえていたのかな。シマヘビをつかまえるのはよく見たけれど、マムシは見ていない。やっぱり危険だったからかな。

――シマヘビはどうやってつかまえるんですか。

野上　足をこうやって出し、シマヘビが上がってくるのをぐっと首のところをつかまえ、手ぬぐいの端をぴっと裂いて首を縛り、腰にぶら下げて持って帰るわけです。そのシマヘビを売ると五十円、マムシだったら三百円になった。だから小学生の小遣いとしては結構なものになった。

――次第に採集も資本主義化というか経済に結びついていく。

野上　田舎ではマムシが万能薬みたいなところがあったからね。マムシ酒にして、それを元気のない時に飲んだりしたり、また転んでこぶをつくったりした時、それを塗るとすぐに治ったりしちゃう。それから粉末にして精力剤として飲んでもよく効いたようです。だから大人になってもマムシをとっている奴もいた。六、七年前かな、そのマムシを捕えるのがうまい幼馴染みが亡くなったけど、彼はずっとマムシをとり続けていた。それは周辺にマムシがたくさんいたからです。

――採集というのは覚えると面白いし、それは癖みたいになるんでしょうね。私も書いたことがありますが、少年時代には魚をつかまえることが好きな大人たちが多くいました。それから当時の言葉で、それを殺生といっていましたが、プロの殺生人というものがいました。彼らは集団できて、掻い掘りをやるんですね。

漁業権もない小さな川の一定のところの両端をふさぎ、その間にある川の水をほとんど掻い出し、動けなくなった魚を総ざらいするもので、川漁師とでもいうものだったと思います。これが見事な手際だったので、殺生人がくるというと必ず見にいった。水が少なくなると、川底に驚くばかりの多くの魚が潜んでいて、鮒、鯉、鯰、鰻など何でもいました。殺生人はそれらを樽に入れ、リヤカーに乗せ、どこかに売りにいったんでしょうね。でも高度成長期が進むにつれ、川が汚染され始め、雷魚が増えるようになり、殺生人たちの姿も見えなくなってしまいましたが。

野上　僕たちの場合は千曲川だったから、それは禁止されていたはずだけどウナギなんかはとっていた。ぼくらも、小川をせきとめて、石灰を投げ込んで魚を浮かび上らせたりした。菓子屋をやっていたから、乾燥用の石灰をこっそり持ち出したんだけどあとでひどくしかられた。

――全国の大小のどこの川にもウナギはいたんで、本当にウナギが高くて食べられなくなったことが信じられない気がする。それからドジョウも山のようにいた。

野上　そう、ドジョウはものすごくいた。狭い川にザルを持っていってすくうと、いくらでもとれた。ところがこれも子どもには食えない。それでニワトリを飼っている家に持っていくと、代わりに卵をくれたりした。そのドジョウですらも今ではほとんどいなくなってしまった。

――本当に「去年《こぞ》の雪今いずこ」ではないですが、去年のウナギやドジョウも今いずこという河川環境を迎えていますから。

野上　それから思い出したけれど、僕はハチの巣をとるのがうまかった。あれは田の畔道の隅のところにつくられているが、そこを掘ったりすると怒られるので、そうじゃない山の中の巣を夏のうちから見つけておいて、秋口にとるわけです。
その前にセルロイドをためておく。当時は下敷きや筆箱や歯ブラシの柄もセルロイドで、しかもそのセルロイドがよく割れる。それを全部とっておいて、ハチの巣を見つけたら、丸めて火をつけ、それをぶっこみ土をかぶせる。そうすると、ハチは迷走しちゃうから安心して掘れる。今みたいに軍手もビニール袋もないので、素手で掘るわけだけど、残っていたり、戻ってきたハチが刺したりすることもある。それで男の子は小便をためたままでいく。女の子の場合、頭にハチがみんな入ってしまい、髪の毛の中だからたたいても出てこない。それで頭を出させ、そこにみんなで小便をかけてハチを追い払い、消毒したりした。でもそういうハチの巣とりとも小学校高学年になると、一緒にいく奴も少なくなり、中学生になったら誰もやらなくなってしまった。

―― 採集遊びの終わりの時代を迎えていたことになりますか。

11 フラフープ、週刊誌、ダッコちゃん

野上 時代が急速に変わりますしね。田舎でも一九五〇年代の終わり頃に顕著になって

くる。遊びでいえば、五八年にフラフープが出始め、田舎にも初めてその流行玩具が入ってきて、確か三百円ぐらいだった、それでようやく買うことができた。その前は水道工事が始まっていたので、そのパイプの端切れや、樽のたがを束ねたりして代用していたが、なかなかうまくいかなかった。

　フラフープのようなプラスチック玩具が出始めたのは高度成長前期でおもちゃを買う余裕が出てきたことの反映でしょう。その翌年には『少年サンデー』や『少年マガジン』が創刊されている。『少年サンデー』は三十円でしたが、『少年マガジン』は付録がついていて四十円で、子どもが毎週買えるくらいの小遣いをもらえるようになってきたことを示し、おもちゃにしても同様です。

—— ダッコちゃんなんかはいつですか。

野上　ダッコちゃんは一九六〇年です。あれはどちらかというと、子ども用のはずだったけど、若い女の子が腕にくっつけたりするのが話題になって、当初百八十円ぐらいだったのが三百円と値段が高くなったりした。

それから六二年に『週刊少女フレンド』、六三年に『週刊マーガレット』も創刊され、少年少女

ダッコちゃん

をめぐる出版環境も変わっていく。

—— 確かにおもちゃと出版環境の変化が見事につながっているとわかりますね。それとパラレルに田舎の生活も変わっていく。これは柳田国男がどこかでいってましたけれど、田舎の魚とりに代表されるような文化伝承はそうしたものに通じた居候的なおじさんが担っていて、それが子どもたちに伝えられることで保たれていたと。そうした戦前からの環境も変わらざるをえなかった。

野上　そうしたことも含めて戦前と大きくちがってきたのは子どもが労働力ではなく

なったことですね。もちろん地方差はあったにしても。だから週刊誌を読んだりする余裕も生まれてきた。

一方で経済が復興し、成長してくると、大人は忙しくなり、その居候的おじさんもどこかに勤めにいくようになる。少し暇があるのはおばあさんと孫ぐらいで、山菜やタケノコとりはおばあさんだけの仕事になってしまう。それで僕たちは山菜採りのうまいおばあさんの後をつけて、山菜やタケノコがとれる場所を見つけたりしていた。とれる場所は内緒で、後をつけていたことがわかっても、怒る代わりにおまえはきてもいいけど、人には絶対にしゃべるなといわれたりした。

——マツタケなんかと同じですね。

野上　だから僕なんかの世代の伝承は居候的おじさんではなく、おばあさん譲りということになる。でも色んな意味での昔ながらの採集経済、自給自足の生活は終わり、都市的商品経済の中に組みこまれるようになっていく。

当時は畑がなくても、千曲川の土手の内側で野菜を育てたり、親の実家の小さな池でコイの稚魚を放し、一冬越させ、大きくして売ることなどもやっていた。親の実家は新潟との県境にあって、新井から高田につながる富倉峠を越えたところで、冬になると越後瞽女がきたりしたけれど、今では学校もなくなり、三百世帯が三十世帯ぐらいに減ってしまった。そうなるともはや伝承どころではない。

12　高度成長期を迎えて

――そうして高度成長期以後を我々は生きてきたわけですけど、商品経済の中で生活技術というのか、様々な生きるための知恵を失ってきたと思います。親の世代のことを考えますと、とても器用で縄の結び方ひとつとってもそうですし、大工仕事なんかも含めて何でもできる。ところが私などは不器用の典型ですし、その息子たちの世代になると何もできない。

野上　僕は縄をなえたし、草履も編めましたよ。それは親の実家にいって、冬だとやることがないので、みんなが草履とかむしろなどを編んでいたからです。それから夏休みにいくと、蚕を飼っていたので、雨が降りそうになると、桑の葉っぱを集めさせられたりもした。ぬれた桑をカイコに食べさせると死んじゃうのでね。二階が蚕置き場で、その下は馬小屋だった。

――それが紛れもない戦後の農耕社会の光景で、一九六〇年代の高度成長期に入ると変わっていく。そこで変わっていたのは生活や風景だけでなく、必然的に大人も子どもも変わっていく。そうした過程の中で我々は成長してきたわけですが、今考えればＳＦのような話でもある。

野上　本当にあの頃のことを考えると、信じられないような気がしますね。

――野上さんの『おもちゃと遊び』を読み、今の感慨をうかがい、思い出されたのはこの夏の出来事です。今年の気候が影響しているのか、私の家の近くの川で、コイが異常発生し、大量に泳いでいるのが川の上からもわかりました。それで夏になると、上流の用水が干されるので、川の水が少なくなる時期がある。そんな時に自転車で堤防の上を走っていたら、バシャバシャ音がするんです。それで見たらその川から小さな支流にコイが上がり、一尺以上のものが百匹ぐらいいて、浅い川で群れていて、それで音が立っているのだとわかった。それでその支流を見にいったら、コイが気配を察し、あわてて川のほうに戻っていった。その話をすると、みんなが今年は異常だといっていました。

でも今見ると異常な光景に見えるかもしれないが、六〇年代前半までは用水を干す時ばかりでなく、雨が大量に降ったりすれば、ありふれた光景で、驚くほどのものではなかった。ただ昔とちがうのは捕えても、川の汚染もあり、とても食べられないでしょうね。そこに同じ光景であっても、時代の差が露出しているし、戻れない時代の流れを、実感してしまう。

野上　それも去年《こぞ》の川やコイということになる。僕たちが通過してきた戦後のそういった変化というものを漫画に当てはめると、大城のぼるから手塚治虫へという感じもする。それに手塚や、小松左京、星新一たちも大城の影響を受け、とりわけ『火星探険』のことを異口同音に語っていました。彼らもそうした大城の影響下に出発し、戦後社会を併走するようなかたちで、自らの漫画やＳＦを開拓していったと思います。

第Ⅱ部

13　飯山の書店と古本屋

――それら辺の話をもっとうかがいたいのですが、そうすると小学館クリエイティブにふれなければならず、時代が飛んでしまいますので、後回しにさせて下さい。

それよりもここで漫画のことが出ましたので、お聞きしますが、貸本屋はあったんでしょうか。

野上　貸本屋はなかったけれど、本屋さんは町中に明治時代から二軒あって、そのうちのひとつは藤村の『破戒』に出てくる。前にいわなかったかな、僕の田舎は『破戒』の舞台である飯山なんです。書き出しのところに信州下水内郡《しもみのちごおり》飯山町《いいやままち》とあるそこです。

――それこそ冒頭の「蓮華寺では下宿を兼ねた」と記された蓮華寺の所在地ですね。そうでしたか。実は以前に「『破戒』のなかの信州の書店」（『書店の近代』所収、平凡社新書）という一文を書いていまして、その書店のことを書いていますし、市川雷蔵主演の映画の中にも出てきます。

野上　丑松が猪子蓮太郎の『懺悔録』を買い求めた書店のモデルがそれなんです。こちらはずっと続いていたが、蓮華寺のほうは戦後の一九五三、四年に大火があり、焼けてしまった。

『破戒』には古本屋が出てくるけれど、明治末期にはあったかもしれないが、それは確かめられない。戦後はなくて、僕が高校生になってからできた。でもその古本屋は漫画は扱っていなかった。その代わりに創刊したばかりの『朝日ジャーナル』を五円で貸していたので、そこで借りて読んだりした。

――ということは『朝日ジャーナル』創刊が五九年だから、貸本漫画ではなく、野上さんはすでにそういった世界に目を向けていたことになりますね。

野上　それには前史があって、まだ古本屋ができる前だったから、中学生の頃に河出書房の六冊ほどの現代史シリーズみたいな新書本があって、それを読むと、戦前、戦後の日本の歴史のことが書かれていて、韓国併合のことなどを教えられた。その本が何なのか調

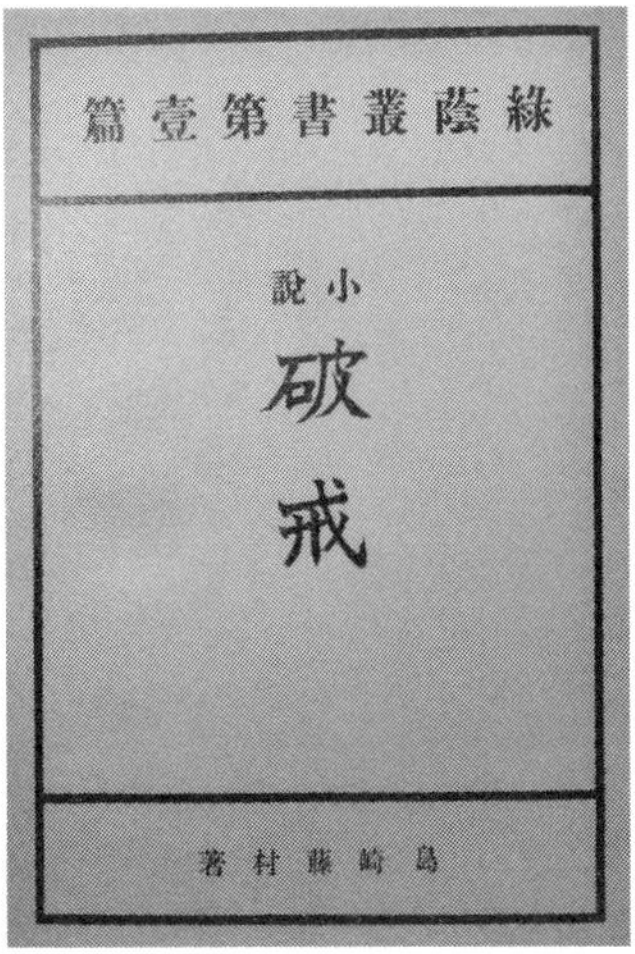

島崎藤村『破戒』初版本

べていないのでわからないのだが、河出書房というのは確かなんだ。河出の倒産によって安く売られていて、それが長野のえびす講のときに露天の古本屋に出され、購入したという事情を覚えているからです。

――河出書房の第一次倒産は五七年ですので、おそらくそれ以前に刊行されたものでしょう。河出新書創刊は五三年ですが、その中にそれらしきシリーズは見当らない。二〇〇六年に出された小冊子『河出書房新社創業120周年』所収のダイジェスト刊行目録も確認しましたが、こちらにも掲載はないようで、単独の新書判ミニシリーズだったのかもしれませんね。

長野には西澤書店という取次を兼ねたところがあって、ゾッキ本も扱っていたから、そういうルートで流れたのだと思います。

14　歴史とメディアに目覚める

野上　西澤書店というのは懐かしい。岩波文庫は長野の西澤書店にいかないと買えなかった。だから高校生になると長野に買いにいったりした。それも河出の歴史シリーズを読み、近代史を知り、日本が戦争中に韓国や中国でひどいことをしたとわかったからです。

それは中学生の頃ですが、同時期に冬のインターハイがあり、色んな記者が信州にやってきた。それでうちの庭に子どもたちを集め、雪で彫像みたいなのを作ったりして、それが新聞に載ったりしたこともあった。

ラジオのモスクワ放送もきていて、ガガーリンが宇宙飛行に成功した時、モスクワ放送に手紙を出したら、切手を送ってくれた。そんなことが重なり、メディアに対する関心が高くなっていった。高校二年が六〇年安保だったので、色んなことを高校でもやるようになった。同人誌も出したりした。

――戦後ならではの歴史とメディアと政治にも目覚めた高校生ということになりますか。

野上　絵に描いたようなといっては何ですが、そういうことです。飯山に初雪が降った時、借りてきたカメラでそれを撮った。踏切のところに車が雪で止まっているもので、朝日新聞の長野支局に送ったのね。そうしたらそれが全国版に掲載されてしまった。高校二年の十一月末だったんだけど、第一時限の授業で、先生が新聞を持ってきて、これはお前

朝日新聞に掲載された写真

かと聞かれびっくりした。あとで新聞屋に掲載紙を買いに行った記憶があります。

　その掲載料が六千円、その上読者の報道写真月間賞として二万円もらい、二万六千円になった。その翌月にもまたよせばいいのに調子に乗って送ったら、今度は新聞に載らなかったけれど、月間賞の三千円をもらい、合計で二万九千円を稼ぎ、それを東京の大学の受験費用にした。それもあって、すっかり報道カメラマンか新聞記者になりたいと思うようになった。

――　それはこのシリーズ17の植田康夫さんの場合も同様で、ジャーナリストへの憧れが最も強い時代だったんでしょうね。

野上　そう、もしくは編集者ですね。

――それは植田さんもそうでしたが、やはり中学生の頃からめばえていたものだったんですか。

15　学研と旺文社

野上　中学一年生の時かな、学研の今の『中学コース』になる前に『中学初級コース』というのがあって、それが作文募集をしていたので、作文を投稿したら、やはり掲載された。『中学初級コース』は友だちに見せてもらったのだけど、学研自体の雑誌類は学校で配布されていたこともあって、その賞品が学校に送られてきた。しかもいきなりで、それが万年筆だった。

あの頃は万年筆が高くて憧れだったし、こういう雑誌の編集者になるのもいいなと思った。それで将来は編集者か新聞記者になろうと決めた。

――これは植田さんとも話したことなんですが、戦後世代に旺文社や学研の『時代』

や『コース』といった受験雑誌が果たした役割は以外に大きいのではないかと。とりわけ地方の学生にとっては入試情報だけでなく、投稿して名前が出るというのも魅力だったようで、『手から手へ』(集英社)の詩人の池井昌樹は昔からの友人ですが、彼はそうした雑誌の投稿魔だったといっていました。

当時の『時代』や『コース』を揃えて持っている人はいないと思うけど、それらの投稿を含めた所謂受験雑誌の研究をしたら、かなり面白いんじゃないでしょうか。これは「出版人に聞く」シリーズ16の井家上隆幸さんの『三一新書の時代』でもふれていますが。

野上　確かに受験といえば、旺文社の時代で、学研は食いこんできてはいたが、学研模試というのはなくて、旺文社模試だった。

――今でもかつての左翼の連中が集まると、おまえは旺文社模試で何番だったかという話が出るそうです。

野上　それは僕もいいたくなるね。一番いい時は全国で八八番で、学科別の日本史と国語は一ケタをとったことがある。

16 『平凡』と『明星』

――それはすごいし、また覚えているところもすごい。

野上 あれは名前が出て、しかも賞金がくるんです。それで覚えている。確か二千円だったんじゃないかな。

でもそうした受験雑誌のかたわらに、『平凡』とか『明星』があったことを思い出します。それらには歌本が付録としてついていた。中学生の頃は石原裕次郎が全盛の時代で、新曲が出るとラジオを聞いてメモに写していた。毎週木曜日にテイチクアワーというのがあって、流行歌が歌われていた。常連は三波春夫と石原裕次郎だった。

――それも目に浮かぶような光景ですね。

野上 でも『平凡』や『明星』に歌本がつくようになると、ラジオを聞いて覚える必要がなくなる。歌本に全部載っているからで、それが人気で、あっという間に売り切れてしまう。かなり女の子が買っていて、どうしてかと思ったら、当時話題になった映画『十代の性典』ではないけれど、ドクトル・チエコの性知識の別冊付録なんかもついていて、これを女の子たちが回し読みしていたからなんです。

―― 当時は集団就職じゃないけれど、中学を出て働いている人の家にいったりすると、必ず『平凡』とか『明星』があった。

野上 だから『平凡』も『明星』ものすごく伸びていて、百万部を越えていたはずです。それらと平行して、日活などの青春映画も多くつくられていた。

17 児童書出版の隆盛

―― そうですね。『キューポラのある街』ではないけれど、受験と就職がテーマの時代であり、それは六〇年代を通じて続いていき、出版業界の成長を支えた背景ともなるわけです。

それから団塊の世代を中心とする戦後生まれの人たちが急増し、児童書出版が盛んになり、多くの児童書出版社も簇生してくる。それはまた占領下におけるGHQの方針で、教育基本法と学校教育法の公布に伴い、五〇年に全国学校図書館協議会が創立され、五三年に学校図書館法が成立し、それですべての学校に図書室が設置されることになった。

野上　それが僕たちの読書体験と否応なく結びついている。あなたが送ってくれた「小学校と図書室」という一文は資料として巻末に収録したほうがいいんじゃないかな。戦後の児童書と児童書出版の始まりの簡略なチャートとなっていますから。

――　拙文で恐縮ですが、ではそうさせて頂きます。

野上　とにかく五〇年代には岩波少年文庫から始まって、毎年のように名作全集類が出ている。それは講談社や小学館も同様で、河出書房も東京創元社も出している。もちろん児童書出版社の偕成社やポプラ社やあかね書房だって刊行しているわけで、それが小中学校の図書室の蔵書に反映された。

――　私などはその五〇年代生まれなので、それらの名作全集類が図書室にあり、かなり充実していたし、読み始めの時期に相当していたので、よく読んだ記憶が強い。

野上さんの世代はどうなんでしょうか。

野上　僕の場合、児童文学的なものはほとんど読んでいない。岩波少年文庫は中学時代に図書室に入り始めたことは覚えていますし、その中にリンドグレンの『名探偵カッレくん』とか、ケストナーの『エミールと探偵たち』が収録されていたのも記憶している。でもすでに中学生だったこともあって、ほとんど読んでいない。

18　児童文学体験はほとんど無かった

――野上さんと私は八つ違いなんですが、児童名作全集の出版受容にタイムラグがあり、それらの読書史は交差していない。そこら辺が戦中生まれと戦後生まれのギャップなのかもしれませんね。

ではポプラ社の江戸川乱歩やアルセーヌ・ルパンなんかはどうなんでしょう。

野上　ルパンや乱歩、それにホームズ物は町の図書館ができた時に読んでいました。それから伝記物ですね。伝記好きが昂じて、日経新聞社が出していた「私の履歴書」シリーズまで読み、その中でも浅沼稲次郎なんかが面白いと思っていましたから。

それで中学に入ると、島崎藤村や夏目漱石を読み始め、高校生になると、世界文学全集などにも手を出すようになった。だから児童文学を読むという時期を逸してしまったことになる。

――それは出版状況とも関連していますし、仕方がないですよ。私たちにしても、所謂児童書を読んだ時期はとても短くて、漫画が加わり、中学生になると海外文学やミステリーも読むようになった。その頃は各社から世界文学全集が出されていた。野上さんが主として読んだのはどれですか。

野上　河出書房の緑の箱に入っている全集です。

――あのグリーン版と呼ばれた四六判の小ぶりのものですね。私もあれでドストエフスキーなどを読みました。

野上　それから戦前の世界文学全集が古い家にあったりして、字がびっしり詰まっていたが、ああいったものも読んだ。何を読んだか忘れてしまいましたが、日本にしても外国にしても児童文学的なものはほとんど読んでいない。小学生の頃に浜田広介と宮沢賢治を読んだくらいです。

宮沢賢治を読んだのはどうしてかというと、小学校の担任の先生が賢治を好きで、昼休みの時間に放送室の学校劇として、『風の又三郎』をやろうということになった。これはその前に菊田一夫の『鐘の鳴る丘』をやったら大受けで、昼休みにみんなが泣いた。それで今度は『風の又三郎』が選ばれた。風や雨や波の音を出すために、うちわに豆をつけ、音を出したりして、ぶっつけ本番だった。

そんなこともあって、宮沢賢治は読んだわけです。それから小川未明も読んでいたかな。それは、未明の生まれた高田に近かったことも影響しています。そのぐらいで他はまったく読んでいない。

――でも当時、児童文学を子どもの頃から読んでいるというほうが異常であって、読んでいないほうが普通だった。まだ採集遊びも続いていましたしね。

野上　まったくそうだね。大学に入って児童文学研究会があることを知った。そうしたら田舎にいた時の知り合いが入会したとの話を聞き、大人がやるべきことは他にあるはずなのに、子どもを相手にしてどうするんだとほとんど馬鹿にしたことがあった。こちらも上京したばかりの大学生で、思い上がっていたこともあっての考えに過ぎず、お恥ずかしい限りです。そんなわけで、児童文学に対する関心は小学館に入ってからのことです。

――まあ、時代のパラダイムというものがありますからね。私だって同時代にミステリー研究会があっても入っていなかったでしょうし、もっともそうしたサークルがあること自体を知りませんでしたが。

野上　そういうことで、子どもの本に目覚めたのは社会人になってからです。

19 大学時代と長野県人寮

―― その前に大学時代のことも少しはうかがっておかないと。野上さんは六二年入学ですから、ちょうど六〇年安保が終わって、学生運動の後退の時期に当たります。でもそれこそ三上治（味岡修）や神津陽たちの中大ブントの時代でもありましたし、様々なことが周りで起きていたと察せられますが。

野上 そこら辺のことも少し説明しておかないと、もはや理解が難しいでしょうね。大学というトポス自体が変わってしまったし、それは教師にしても学生にしても同様でしょうから。

まず中大の事情を話しておきますと、授業料が二万四千円で、一番安く、僕なんかでも何とか卒業できたということがある。確か早稲田なんかは三万六千円だった。だから年間授業料二万四千円は桁外れに安く、貧乏人の大学といわれていた。

そのころ日本育英会の特別奨学金制度ができて、全国統一試験に合格すると、毎月七千五百円支給されたんです。普通は三千円だったのですが、上乗せされた四千五百円分は返却免除だったから、これがもらえなかったら大学に入れなかった。しかも僕は長野県人寮にいて、その寮費が一ヵ月朝晩二食付きで三千六百円だった。

――それは安いですね。当時いくら物価が安くても、外で朝晩食べた場合、とてもその金額ではすまない。

野上　だからとんでもなく安いわけですよ。その金で寮母さんも雇っている。そこに途中から栄養士が入り、この献立では栄養価が足りなすぎるので、せめて一週間に玉子を一つぐらいつけたほうがいいと指摘された。それで寮費を十円値上げするために、夕方の六時から始めて夜中の二時まで延々と討議するような寮生活を送っていた。

その寮は出入りが自由だったこともあって、ぼくら中大の寮生の部屋に、ブントの連中がよく泊まりにきていたので、寮の後輩たちも自治会活動に関係し、自治会の委員長になったり、寮の後輩の親友が赤軍の副議長になったりしていた。その中心にいたのは味岡氏で、今でもたまに会うけれど、あの頃はよく寝泊まりにきていた。

そうした中で起きたのは学館学費闘争です。六五年に全国の大学で自然発生的に始まり、学生会館の自主管理と授業料値上げをめぐる学生と大学当局との闘いが繰り拡げられたわけです。それは中大も例外ではなく、六六年に学生会館の自主管理をめぐり、大学当局は学生処分で対処し、それに対し学生側は団交とストライキによって要求をほぼ貫き、六八年の授業料値上げ反対闘争でも学生側の勝利となっている。

このような状況が僕の大学生活とまったく重なり、やはり僕も必然的にそれに関わっていくことになる。というような時代でしたね。

―― 私などもそうしたアンチ・エスタブリッシュメント時代をくぐり抜けてきたことになるわけですが、それを出版業界の現在に引きつけて考えますと、出版危機も連鎖していると思わざるをえない。

野上 それは僕のほうがうかがいたいね。

20 出版社も権力に対峙していた

―― この「出版人に聞く」シリーズ17の植田康夫さんへのインタビューのために、『週刊読書人』のバックナンバーを創刊号から七〇年代にかけて読んだわけです。そうすると、六〇年安保闘争をはさんで、出版社も時の体制や権力に対して監視や異議申し立てをするのが当然だということが誌面から伝わってくる。近代日本の出版やジャーナリズムもそのような役割をベースにして始まっていますので、当たり前だともいえますが。そこが現在と異なっているところです。

そうした出版社側の例をひとつだけ挙げますと、文部省が推薦図書の小冊子を作り、学校などに配布したことに対して、書協は声明を発し、それは官僚たちが勝手に作製したものだから、書協としては認めるものではないと抗議に及んでいる。

ところが現在の書協はどうかといえば、一九八九年の消費税導入の際の内税選択の大失敗から始まって、近年の電子書籍問題に至るまで、出版業界のことなど何も理解していない官僚の言うがままに動かされているように見えます。

電子書籍に関しては明らかに経産省が主導し、絵を描いたもので、金も出すし、プロジェクトを一緒に推進しようと書協にプレゼンテーションしたことから始まっているとしか思えない。それとクール・ジャパン構想がつながっている。それらに電子書籍編集メーカーやネット書店も動員され、電子書籍元年だとか、二〇一六年二千億円市場だとかはやし立て、JPOの「緊デジ事業」なんかもその流れの一貫として出てきた。しかし「緊デジ事業」疑惑問題まで露呈してしまった。

そのかたわらで、出版業界の危機は深刻化する一方だし、とりわけ書店はドラスチックな危機状況に追いやられている。それに対し、書協は何の手立ても打ち出せない。そんな状況下で、電子書籍市場を推進しようとすれば、ただでさえ疲弊している書店は壊滅してしまうでしょう。書協の中枢を占める大手出版社は町の中小書店が売ってくれることで成長したことを忘れてしまっているし、経産省に至ってはまったくわかっていない。

野上　僕などから見ると、電子書籍に関して出版界自体がどこまで本気なのかわからないと思えるのはそういった経緯と事情があるからなんですね。

というのはアメリカは伸びているにしても、ヨーロッパはそれほどでもないし、韓国では失敗だし、いずれにしても頭打ちになっているという話も聞こえてくる。ただ日本の電子書籍で問題視すべきはコミックで、現在の大手出版社の業績を担っているのがコミックであることから、これは大きな課題です。

――　集英社の『ワンピース』にしても講談社の『進撃の巨人』にしても、これらのヒットがなければ、売上高も利益もまったくちがってしまうし、取次や書店、さらに印刷所にも大きな波及効果がある。

野上　そういうことで、コミックの大半が電子書籍化され、そのシェアが高くなれば、従来と異なるコミック流通販売環境が招来し、それこそ書店に及ぼす影響は想像以上に大きい。これは後でお話しするつもりですが、僕は学年誌の編集をやってきましたから、書店の重要性については本当によくわかります。

――そうでしたね。

ところで話を戻して、当時の就職に関する状況をうかがわないと。

21　マスコミの就職事情

野上　前述したように、中学生の頃から新聞記者か編集者になると決めていましたので、当然のごとく出版社と新聞社を受けた。

ところが出版社は想像以上に狭き門で、河出書房は学校推薦、もしくは作家の推薦がなければ駄目で、岩波書店も同様だった。それで筑摩書房を受けたら、一人採用のところに六百人ぐらいが押し寄せ、これはとても無理だと思ったら、案の定受からなかった。

――そうか、当時も大手出版社に入るのは大変だったんですね。

野上　新聞社のほうは日経新聞が最終面接までいった。三回も四回も面接があって、最終面接は七人で、これは確認の面接ということもあって、ほぼ入社が決まりかけていた。

ところがその前日に日比谷で日韓闘争のデモがあり、その時参加者が少なかったこともあって、機動隊にぼろぼろにやられてしまった。それで眼鏡はなくすわ、服は破られるわ、学生服のボタンも取れちゃったりした。しょうがないから、そのまま歩いて中野の寮まで帰った。

翌朝ボタンが取れたままの学生服の姿で最終面接に行ったら、これまでそんな格好できた奴はいないといわれた。それから支持政党はどこかといわれたので、社会党と答えたら日経新聞社は社会党が天下を取れば、たちまちなくなってしまう会社だという言葉が返ってきて、それで一人だけ落とされてしまった。後になって、それはそれでよかったと思いましたが。

それで今度は信濃毎日新聞を受け、こちらも最終面接までいった。そうしたら親戚の人が参議院議長をやった青木一男の推薦をもらえば間違いないというので、連れていかれ、推薦の一筆を書いてもらった。ところがまたしても前日にデモの動員がかかり、国会の前に座りこんでいた。ただ一番前にいたから、最初に機動隊に排除されるので、十一時五十分の信越線の最終に間に合うし、朝着いて面接にいけばいいと思っていた。ところが、こういう時に限って十一時になっても抜かれないのよ。途中から抜け出すわけにもいかないしと思っているうちに最終の時間が迫ってくる。それで乗ったこともないタクシーを使い、上野駅に駆けつけたら、ちょうど出た後だった。そんなわけで、面接には行けず、周りの人たちからも怒られてしまった。

――そこら辺は大体日韓闘争絡みだったんですか。

野上 あれは一九六五年だったから、ベトナム反戦運動もパラレルに起きていたけど、日韓闘争のほうだったと思います。

まあ、そんなわけで就職が駄目になり、決まらない。それでどこでもいいやと思って日刊工業新聞を受けたら、本当に受かってしまった。ところが受かったけれど、気が進まないので、そのまま保留にしておいて、田舎でアルバイトをやっていた。すると何の世話にもならなかった大学の就職部から、すぐこいという電報がきた。それでいったら、またしてもえらく怒られて、保証人を連れて謝りにいけといわれた。それで日刊工業新聞に保証人と一緒に謝りにいった。そんなことも続いて、もういいやと思い、留年することにしたわけです。

第Ⅲ部

22　小学館入社

――それで次の年はどうしたのですか。

野上　翌年は前年のこともあったので、出版社だけにしぼった。それに新聞社はまず地方に飛ばされることがわかったからです。やはり東京にいたかったたし、出版社であれば東京にいられることは確実でしたから。

それにできたら二、三年勤め、お金を貯めて大学院にいこうかなと思ってもいました。しかし文芸春秋とか新潮社は指定校制度があって、中大は入っていなかったので、受けられない。そんなわけで、講談社と小学館を受け、どちらも最終面接までいった。どちらかというと講談社にいきたかった。

ちょうど『群像』が華やかだったし、学生の間でもかなり読まれていた。文芸誌だと『群像』、総合誌だと筑摩書房の『展望』という時代だったたし、『文学界』とか『新潮』は影が薄かった。

――確かに群像新人文学賞に加えて、小島信夫の『抱擁家族』を始めとする色んな力作が掲載されていましたから、『群像』は文芸誌として頭ひとつ抜けていた感じがあったし、それだからこそ後に村上龍や村上春樹もここからデビューしたことにつながっているんでしょうね。

野上　それで面接の時に吉本隆明の「情況とは何か」と大江健三郎の『万延元年のフットボール』の話なんかをとくとくと話したら、『群像』には新入社員はいらないのに、講談社を志望してくるのはそういう学生ばかりだって言われ、講談社は駄目になってしまった。それで、何を出しているのか、よくわかっていなかった小学館には引っかかってしまった。あなたが前にいわれた縁《えにし》ではないけれど、実は大学生の時に小学館でアルバイトをしていた。『女性セブン』創刊時に宛名書きのバイトをしたことがきっかけで、その後夏休みなんかになると必ず電話がかかってきて、『少年サンデー』の読者サービス商品の梱包と宛名書きなどの仕事を手伝っていた。それは宣伝部の別室のようなところでやっていたわけだけど、まさか自分が小学館に入るようになるとは思ってもいなかった。

――　でも当時の小学館というと、今のイメージとちがっていたでしょう。

野上　そのとおりで、もう本当にイメージがまったく異なっている。建物に関していえば、今や小学館ビルは建て替えのために解体されているが、アルバイトをしていた頃は、一ツ橋大学の建物を使っていたし、入社当時は新社屋として完成したばかりだった。

――そうでしたか。それから半世紀を経ているわけですね。ところで同期入社は何人ぐらいでしたか。

23　一九六七年の小学館状況

野上　僕が入社したのは一九六七年で、定期採用の正規入社は七人だけだった。そのうちの三人が学年誌、一人が『少年サンデー』、一人が百科事典、それから二人が販売にいった。

ただ不定期入社というか、中途採用者も多かった。『小学館五十年史年表』の六七年のところを確認してみると、次のように記されていた。

この年、62名入社、年末の在籍者　476名（女子104名）
4月号発行雑誌点数　29　年間の増刊発行点数　24
本年度の雑誌発行部数　1億2、000万

年間刊行書籍点数　99

――ほぼ雑誌出版社という業態ですね。同年の刊行書籍を見ても、児童書、図鑑などが大半で、それに混じって、『世界の音楽』『原色日本の美術』『図説日本文化史大系』『世界原色百科事典』といったシリーズ物が出されているとわかる。児童書シリーズは『少年少女世界の名作文学』全50巻が毎月刊行され、これが後の『カラー版名作少年少女世界の文学』全30巻、『ワイドカラー版少年少女世界の名作』全55巻へと続いている。

やはり小学館もこの時代が成長期だったんでしょうね。それに野上さんたち正規入社の他に五十人以上が中途採用されているわけだから、本当に人手不足だったんでしょう。講談社なども同様で、同時代には五十人以上が入社していたといいます。

当時の小学館の編集体制はどうなっていたんでしょうか。

野上　その頃は第一編集部が学年誌、第二編集部が『少年サンデー』などのコミック雑誌、第三編集部が『マドモアゼル』などの女性誌、第四編集部が週刊誌の『女性セブン』、第一出版部が書籍出版部で、そこに辞典や百科事典編集部も置かれていた。第二出版部が、絵本や児童書。

だから雑誌を中心にした非常にシンプルな編集体制だった。ただ六九年に『ビッグコミック』と『週刊ポスト』が創刊され、七〇年に『日本古典文学全集』も刊行され始めるので、僕が入社した時期の編集体制は次々に改編されていくことになるのですが。

24　白土三平『忍者武芸帳』

――それから六七年の刊行目録を見ていて、とても懐かしかったのは白土三平の『忍者武芸帳』があったことで、これを買い求めたのは中学生の時でした。一冊ずつ買って、全巻揃えるのに何ヵ月もかかったことをよく覚えています。この『忍者武芸帳』全十二巻はずっと持っていて、私の息子たちも読んだことで、ボロボロになってしまいましたが、とても愛着があり、今でも保存している。「ゴールデン・コミックス」の一冊として出され、定価は220円です。でも雑誌コードは付されていないことからすると、おそらく書籍として刊行されたはずです。

野上　そこら辺のことはよくわかりませんが、第二編集部は『少年サンデー』の他に『ボーイズライフ』もあって、それに連載されていたさいとう・たかをの『007死ぬのは奴らだ』なども出していた。ただ現在と異なり、コミックの単行本出版はまだポピュラーではなかったから、「ゴールデン・コミックス」はよくわからないけど書籍として流通配本されていたんでしょうね。

―― 確かに刊行されていますし、白土の『カムイ伝』、赤塚不二夫の『おそ松くん』、横山光輝の『伊賀の影丸《若葉城》』などもラインナップされています。

それらはともかく、どうして『忍者武芸帳』にこだわるかというと、小学生時代に貸本屋で途中までしか読んでおらず、ついに見つけたぞと思ったからです。

白土三平『忍者武芸帳』(三洋社)

野上 『忍者武芸帳』が最初に出されたのは五九年から六二年にかけてで、最後の巻が出たのは僕が大学生になった時だと記憶している。それを大島渚が映画にしたのが六五年ぐらいかな。

―― それで『忍者武芸帳』がポピュラーなかたちで読めるようになったのが「ゴールデン・コミックス」として刊行されてからで

す。最初の三洋社版から十年経ってのことで、小学館からの出版というのも時代が投影されていると思います。

野上　漫画家になる前の白土さんは金町で、当時松谷みよ子さんと瀬川拓男さんたちがやっていた太郎座と同じアパートにいた。白土さんが李春子さんと結婚して出ていく時、みんなで見送ったと松谷さんから聞いたことがある。小学館の『忍者武芸帳』が出た頃、白土さんは確か練馬区に住んでいたはずです。

――　それともうひとつ、『忍者武芸帳』のことで気にかかっていることがあって、インタビューする立場なのに恐縮ですが、この際だからそれも話しておきます。それは三洋社版の復刻が小学館クリエイティブから出され、その経営者が野上さんご自身だったこともまた縁かとも思いますので。

野上　確かにそうです。ですからどうぞ、ご遠慮なく。

――　小学生の頃、横山光輝の『伊賀の影丸』を読んでいた。それから、中学生になって山田風太郎の忍法帖シリーズを読むようになって、横山が風太郎を模倣しているとわかるようになった。

25　手塚治虫『エンゼルの丘』

野上　漫画というのはそういうものなんですよ。元の物語祖型があって、それをアレンジしながら描いていく。その祖型は漫画だけでなく、映画や小説も同様で、漫画の場合、手塚治虫の影響が大きかったというのは戦後のデビューもあったけれど、『新宝島』の出現で、映画のような表現を漫画でできるんだと教示したことでしょうね。

――まさにその手塚絡みなんです。戦後の漫画にものすごく詳しい人がいて、その分野では有名な人らしい。浜松の人で、私は古本屋の時代舎で二回ほど会っているだけですが。

野上　何という方ですか。

――高木宏さんといって、とにかく詳し過ぎるので、漫画家やマニアにも敬遠されるくらいだといわれている。貸本マンガ史研究会編・著『貸本マンガRETURNS』（ポプラ社）の巻末の「参考資料」のところに、この高木さんの『貸本マンガ本発行資料「大一大万大吉」』が挙げられている。

野上　本は持っているけど、それは気がつきませんでした。

——　私も時代舎の田村さんから聞いたのですが、例えば、水木しげるの貸本マンガに犬と猫が描かれたりしている。そうすると、この時期にはつげ義春と池上遼一がアシスタントをしていたので、犬は池上、猫はつげが描いたと指摘できるそうなんです。この話を近代文学研究者にしたら、すばらしいテキストクリティックだと驚いていました。とにかく貸本マンガであれば、漫画家のことも含めて、途轍もなくよく知っているという。

野上　若い人なんですか。

——　いや、若くはなくて、私より少し年下だと思いますから、六十歳ぐらいじゃないでしょうか。とにかく小さい時から貸本マンガを全部読んでいて、姉さんもいたから少女漫画もみんな読んでいたと聞いています。

その高木さんと偶然に時代舎であって話をしたところ、『忍者武芸帳』のことになった。すると彼の言によれば、『忍者武芸帳』は手塚の『エンゼルの丘』が原型だというんです。それでこれもたまたま時代舎にあった『エンゼルの丘』を買ってきて読んだ。ところが相関関係はまったくわからない。もう少し詳しく聞いておけばよかったと思ったりもしたのですが、その後会う機会がない。とにかくわかる人にはわかるというマニアならではの見解なのかもしれませんが。

野上　本当に漫画の世界も見る人によっては奥が深いという例証のような話ですね。

26 『小学一年生』編集部配属と書店研修

――すいません、脇道にそれてしまいまして。野上さんが小学館に入社した時代に話を戻します。それで野上さんはどの編集部に配置されたんですか。

野上　小学館に入ったはいいけれど、大人向けの文芸雑誌もどきのところがあるのは『マドモアゼル』だけで、これには三島由紀夫を始めとする作家たちも書いていたりした。それで『マドモアゼル』を志望したら、あれはもうじきつぶれるといわれ、本当に廃刊になってしまった。

その他に『ジュニア文芸』が創刊されたところだったが、こちらも大人向けではなく、ジュニア小説誌だったから、あまり気が進まない。週刊誌もいやだし、それで大人物だったら百科事典しかない。でも『世界原色百科事典』が完結したばかりで、新人はいらないという。残るは教育技術か学年誌しかなく、結局学年誌に配属された。

これも少し説明を加えておいたほうがいいでしょうね。僕も入社してから知ったことですが。

――ええ、ぜひお願いします。

野上 そもそも小学館は相賀武夫を創業者として、一九二二年に『小学五年生』『小学六年生』を創刊して始まるのですが、この学年別学習雑誌に加え、さらに学年別教育雑誌も創刊し、児童と教師を対象とする雑誌を中心にしてベースが築かれたわけで、それが戦後も引き継がれていた。

――それゆえに今や学年誌は『小学一年生』と『小学二年生』だけになってしまいましたが、教育技術のほうは廃刊になっていない。そう考えてもいい。

野上 地味な雑誌ですけど、学年誌とは異なる意味で小学館のアイデンティティみたいなところがありますからね。小学館はかつて教育技術研究所というのをつくっていて、これを私設文部省だなんていう人もいた。文部省のしかるべき地位の人を連れてきて、小学校教師の研修なども行っていた。教育技術というのはその小学校教師たちに向けた指導雑誌的なもので、『小一教育技術』から『小六教育技術』、それに『総合教育技術』まで出され、今いわれたようにこれらは今でも欠けることなく続いている。

――かなり売れていたんですか。

野上 当時小学校が二万六千校あって、大体その数は売れていた。新米教師と新たな学年を受け持つ教師にとっては必読雑誌だったと思います。それに当時小学館は、北海道、大阪、九州などに支社があり、現地採用で教科書や辞書を販売促進する営業マンを雇っていた。その営業マンが『教育技術』も一緒に売ってくれたので、販売部数も一定していた。

――出版社の外商の時代でもありましたからね。

野上 そういえば、僕も書店研修に出された。先ほどいったような事情で、『小学一年生』に配属となるわけです。ところが実際に配属されるのは八月で、それまでの四ヵ月は色々な教習を受け、その後に二週間ほど書店研修に出される。

――どちらの書店にいかれたのですか。

野上 中野の文化堂という書店だった。少し前に中野にいったら、まだ健在だったので、とても懐かしかった。『世界原色百科事典』が完結したばかりだったので、その外商をやることになった。店頭にいても邪魔だから、あちこちを回って予約をとってこいというわけです。それで見本を携え、歩き回った。

そうしたらは偶然ながら丸谷才一のアパートのベルを押すことになってしまった。小学館の百科事典の販売にきましたといったら、そんなものはいらないとえらい剣幕で怒られた。そこまで怒ることはないだろうし、偉そうで嫌な奴だと思っていたら、しばらくして彼の新刊が出た。その頃は高円寺に住んでいたので、駅前通りの書店に入ったところ、丸谷さんがいて、自分の本がないと店員にえらく怒っていた。しかも店員が自分を知らないことに逆上している。えらい人かもしれないけれど、何か感違いしているんじゃないかと思いました。

――でもそういう話はよく聞きますよ。本当に自分を何様だと思っているんだというようなことを。特にタレントの本を出すと大変だといいますし。

27　手塚治虫の担当となる

野上　まあ、タレントの場合はしょっちゅうだし、僕も『小学一年生』編集部で、そういったトラブルを含め、色々と体験していくことになります。

先ほど手塚治虫の話が出たので、彼のことから話しますと、新入社員に手塚の担当はさせないことが申し送りになっていた。というのは僕の前に新入社員が手塚番となったことで二人続けて辞めてしまったからです。原稿がとれなくて嫌になってしまい、せっかく大学を出たのにどうしてこんなところに一週間も寝泊まりしなきゃいけないんだということで、本当に辞めてしまった。

――そういうエピソードの中に当時の出版物における漫画の低い位置づけがうかがわれますね。

野上　そうでしょう。ところが僕のすぐ上の人が結婚し、新婚旅行で不在になるので、代わりにいってくれと頼まれ、副編集長に連れていかれた。それで初めて手塚先生に会った。そうしたら初対面だったこともあって、手塚先生はちょっと待って下さいという。そして自分のデスクにいき、ベレー帽をかぶり、名刺を持って、すごく丁重に手塚と申します、僕は締切は絶対に遅れませんし、僕を担当した新入社員はみんななくなっているので、頑張ってくださいというわけ

手塚先生と筆者

です。隣で副編集長はくすくす笑っている。こちらだって締切に遅れないどころではない話はすでに聞いているけど、よろしくお願いしますというしかない。

でもその最初の時は原稿の順番が回ってきたところで、いくら待っても原稿が出てこない。六畳ぐらいの待合室があって、それが編集者たちの詰め所になっている。そこでみんなが花札やトランプをやったり、電話して馬券を買ったり、夕方から飲みにいく相談をしたりしている。要するにろくなことをしていない。だからそこにいるのが嫌なので、ずっとアシスタントがいるところで待っていたが、さっぱり原稿が出てこないし、変だなと思っていた。

先生がいるのは螺旋状の階段がある中二階で、そこで仕事をしている。下のとなりの部屋にアシスタントがいて、筆入れをする時にそこでやるけど、ネームを考えるのは上だった。原稿が終わると、クリップに止めたものが中二階からすっと下りてきて、有難うございますというと、するする上がっていくという状態だった。ところが僕の原稿はまったくやっているような気配はないので、上がってはいけないといわれていた階段を昇っていこうとしたら、他の編集者たちが押し寄せて、みんなで羽交い締めされ、すったもんだの一騒動になってしまった。

担当の編集者たちは三十代の中堅の猛者連中だったけれど、こちらも頭にきていたから、うるせいとか罵声を飛ばしたりもした。

そうしたら、それがどうも先生にも聞こえたようで、これはまずいなと思ったのか、とんとん調子に原稿が上がってきた。新婚旅行にいっている上司は八ページを描いてもらうのに一週間近く泊まりこんでいたのに、それが一晩でとれてしまった。それでみんながびっくりして、何をやったんだと問われたけど、いやあとかいってとぼけていたら、続けてやるかといわれた。それを受け、やらせてくださいと応じ、それからずっと手塚担当になったわけです。

――ちょうど二ヵ月前に宝塚の手塚治虫記念館の再現された仕事場とその螺旋階段も見てきたばかりなので、上野さんの話はとてもリアルです。それから手塚の他には。

野上　藤子不二雄さんや石森章太郎さん、赤塚不二夫さん、川崎のぼるさん、横山光輝さんも担当した。

――所謂漫画の巨匠たちが学年誌に描いていたことに意外な感じを抱くのですが。

野上　『ビックコミック』の創刊以後は大人向け漫画市場も拡大していくけれど、まだ少年少女向け市場が中心でしたから、学年誌の学習ページなどといえども重要な発表舞台だった。沢井一三郎先生、早見利一先生、松沢のぼる先生、宮坂栄一先生など、戦前からの著名な漫画家にも、読者ページやカットなども描いてもらっていた。

28 兼六館労働争議

――なるほど、まだ六〇年代後半でしたからね。

野上 でも手塚先生の担当になってよかったことがあります。

飯田橋に兼六館という出版社があって、そこの組合の書記長だったかを解雇し、労働争議が起きた。ここは後にわかったのだが、共産党系の出版社だった。その支援に加わったわけだけど、色んな人たちが関わり、赤軍派の重信房子や遠山美枝子、それに関西から田宮高麿もきたりしていた。それから日本読書新聞にいた高岡武志氏らもいて、僕は一緒に支援に取り組んだ。

――高岡さんは「出版人に聞く」シリーズの井出彰さんの『書評紙と共に歩んで50年』にも出てきますが、駿河台出版の息子じゃなかったかしら。八〇年代には冬樹社にいたし、それからデジタルハリウッド出版局に移っていた。

野上　いつも登山靴みたいなのを履いて、ちょっと前までは神保町でよく会っていたのに、近年はさっぱり見かけない。

――井出さんから彼が病気で倒れてしまい、自分が駿河台書房の後始末もしたと聞いています。

野上　そうでしたか。兼六館の組合委員長の西沢さん、今は彩流社を経営している竹内さん、それから当時は徳間書店にいた宮下さんたちと出版労働問題研究会とかいうのを作ってマルクスや吉本隆明を読んだり、何回か集まっているうちに、兼六館闘争が起きたわけです。

――学生運動と出版社人脈が交差しているとよくわかる。その後に竹内さんは国書刊行会に移り、宮下さんは弓立社を立ち上げていく。実は宮下さんもこのシリーズに出てくれるというので、近いうちにインタビューする予定になっています。

野上　それはいいですね。「出版人に聞く」シリーズでも一緒ということになるから。ところでその兼六館闘争のほうですが、みんなが泊まりこみ、職場占拠状態になっていた。この西沢委員長は吉本隆明の影響もありましたが、闘争はお祭りだといっていた。だからみんなが酒を持ちこみ、職場占拠していた夜中に全員が逮捕されてしまったんです。

その日の夕方、僕も兼六館にいこうと思い、会社を出ようとしたら、手塚プロからネームのことで打ち合わせをしたいので、すぐきてくれといっていると呼び出された。それであわてて手塚プロに出かけた。こちらは兼六館でみんなが寝泊まりしているのを知っていたので、自分も早くいかなければと気が気じゃなかった。でも最終的にネームが上がったのは明け方になってしまった。タクシーで会社に戻る途中、兼六館の前で止めてもらい、様子を見にいったら、だれもいない。会社は封鎖され、スト決行中のステッカーが全部はがされて、かわりに共産党の都議会選挙のビラが一面に貼られていた。それで兼六館が共産党系の出版社だと初めてわかった。選挙のビラをはがして、他のビラを貼ると犯罪になるんです。それもあって出版労協なんかが一切協力せず、反戦系の連中に後の赤軍系の人たちが支援にかけつけていたわけです。でも全員がパクられた後だったんですね。

僕も手塚プロにいっていなかったら、当然のごとくパクられ、小学館にそのまま勤めてはいられなかったと思う。だから手塚先生は恩人です（笑）。

――それはそうでしょうね。

29　ウルトラ怪獣との出会い

野上　『小学一年生』編集部では、まず読者の理解の程度を学ぶために、学習ページを担当させられます。それから、名作のリライトや読み物のページの文章を書かされる。当時、一年生の配当漢字が四八字で、後に八〇字になるのですが、少ない漢字とひらがなだけで、文字を読み始めた子ども読者を対象に文章を書くというのは、思いのほか難しいんです。怪獣の話も毎号書きました。

その頃は「ウルトラマン」から「ウルトラセブン」に変わった時期で、第一次怪獣ブームだったんですね。ところが、「ウルトラマン」も「ウルトラセブン」も、講談社が掲載権を独占していて、小学館ではヒーローはもちろん登場する怪獣も使えない。「ウルトラQ」に登場する怪獣だけは使わせてもらえる

『小学一年生』1967 年 11 月号

ということで、Qの怪獣を登場させる話を作り、円谷プロの脚本家の金城哲夫さんに監修してもらうのです。そんな関係で、円谷プロの人たちともだんだん親しくなっていきます。

——その頃ですか、「スペル星人」問題が起きたのは。安藤健二の『封印作品の謎』（だいわ文庫）で詳しく論じられていますね。

野上　佐々木守の脚本で、実相寺昭雄が監督した「ウルトラセブン」の第十二話「遊星より愛をこめて」は六七年に放映されている作品で、スペル星人が登場する反核をテーマにした作品でした。ところが、「ウルトラセブン」の放映が終わり、講談社との独占契約も切れて、小学館でも掲載可能になった七〇年頃だったと思います。『小学二年生』の付録の「かいじゅうけっせんカード」に掲載したスペル星人を「ひばくせい人」と記したことで、被ばく者を怪獣にしたと新聞などで取り上げられて、大問題になります。それが「スペル星人」問題ですね。

実は小学館はその前に「あかつき戦闘隊」問題で、日本児童文学者協会などから強烈な批判を浴びて経緯がありました。そこに「スペル星人」問題が起きて、怪獣物の掲載も難しくなりはしないかと、たいへん苦慮したことを思い出しました。

――野上さんの「現代子ども文化史年表」を見ると、六〇年に「戦記まんがブーム」とあり、『紫電改のタカ』は六三年で、同年に貝塚ひろしの『0戦はやと』も同年ですから、六〇年代前半に戦記ものがブームだったとわかりますし、私もリアルタイムで読んでいた記憶がある。

30 怪獣大図解とスペル星人問題

野上 そうしたブームを背景にして、『少年サンデー』は『あかつき戦闘隊』を連載し、懸賞の賞品にナチス関連のグッズをつけたところ、猛烈に批難され、抗議を受け、児童文学者協会は執筆拒否という事態になってしまった。これは出版社にとっては大事《おおごと》で、こちらもあかつき戦闘隊問題と呼ばれたわけです。

そんなことがあったので、子ども雑誌で兵器などの図解ができなくなり、一九六五年に講談社の『少年マガジン』の編集長になった内田勝さんは大伴昌司さんに怪獣の大図解をやってもらい、それが大成功する。大伴さんは、『怪獣ウルトラ図鑑』（秋田書店）や『怪獣解剖図鑑』（朝日ソノラマ）を出版し、円谷プロの怪獣公認設定集などのコンセプトにも関わっていた。それらをもとにして「スペル星人」＝「被爆星人」が、『小学二年生』の付録に掲載されたんですね。

――つまり六八年の放映作品ではなく、七〇年の付録「かいじゅうけっせんカード」から問題が起きていく。

野上　その付録のことを被爆者団体やその周辺のメンバーの人たちが新聞社に伝えた。それで新聞社から小学館に問い合わせが入ってきた。ところがそれは土曜日の午後で、その頃は半ドンだったこともあり、社員はほとんど帰ってしまっていて、たまたま残っていた人は何もわからず、対応してしまった。「スペル星人」も「被爆星人」についても何も知らないし、それは何ですかという感じで新聞社の問い合わせに応じたので対応も悪く、これが大変なことになるきっかけだった。

たまたまその時、僕は会社に残っていて、その応対はまずいなと思ったことを覚えている。やはりその前にあかつき戦闘隊問題があったからです。そうしたら引き続いてスペル星人問題となってしまい、円谷プロはその元になった「遊星より愛をこめて」を封切し、『ウルトラセブン』第十二話は欠番としてしまい、七〇年以後一度も国内で再放映していないと思います。作品自体のテーマは基本的に反戦反核で、それなりにいい作品だったたんですが。

31 絵本、『ウルトラ怪獣入門』、『怪獣図解入門』

――そのようなプロセスを経て、野上さんは『小学三年生』に移り、円谷プロと関係も深まっていく。

野上 そうです。一九七一年七月に『小学三年生』編集部に異動します。当時は円谷一さんが円谷プロの代表で、脚本家の田口成光さんを紹介される。後に『ウルトラマンタロウ』のメインライターを務めることになるわけですが、同い齢で同じ長野出身だったことから親しくなり、一緒に『帰ってきたウルトラマン』の企画を進めたりした。

そのころ、『少年マガジン』も編集長が変わり、大伴昌司の巻頭大図解もなくなって講談社と大伴さんの蜜月の時代が終わろうとしていたのは明らかで、大伴さんは小学館のほうに顔を出すようになった。それで円谷プロと大伴さんと組んで、絵本や「入門百科」シリーズを刊行した。

――絵本は「ウルトラマン」や「ミラーマン」や「ウルトラマンA」シリーズ、「入

門百科」は『ウルトラ怪獣入門』や『怪獣図解入門』ですね。

野上　確か絵本のほうは九冊まで出したかな。

――それらは書店の回転塔絵本ですか。

野上　そうです。厚紙の絵本で、昨年、小学館クリエイティブから復刻版が出て、その当時のことを解説に書きました。よく売れて、それほど経費もかかっていないので、この絵本シリーズは会社でも重宝だったと思います。

　それから大伴さんの執筆でぼくが編集した『ウルトラ怪獣入門』と『怪獣図解入門』は出版部の「入門百科」シリーズに入れてもらったのだけれど、二冊とも百万部を超えるベストセラーになったと思う。

――それもすごいですね。当時の小学生の読者層の厚みを彷彿とさせる。

野上　百万部を超えるまでいくとは販売部も予想外じゃなかったかな。

32　小学館の学年誌状況

――ところで当時の小学館の学年誌というのはどのくらい売れていたんでしょうか。学年誌は高学年になるほど売れなくなるといわれていましたが。

野上　一九六〇年代から七〇年代初めにかけて、『小学一年生』はものすごい上り調子で、それにウルトラマンブームが併走していた。確か七二年二月号というのがピークで、当時の実売が小学一年生の三人に二人が購入し、百万部を超えたと思う。四月号だけ取ってみると七二年から八三年までの十一年間、刷り部数で百万部を超えていましたから。『小学三年生』も、ぼくが編集部にいた七三年四月号は、百万部を達成しました。『小学四年生』以上は上に行くほど部数は減っていきます。僕が『小学一年生』をやった時には書店数は二万六千店といわれていた。それに対し、小学校もほぼ同数で二万六千校とされていた。

――私見では、書店、小学校、郵便局は同じ数字で、それが七〇年代までの出版物インフラを支えていた。ところが今の書店数は一万四千店を切っているのだから、そうしたマス雑誌を支えるインフラとして成立しなくなっている。しかもは対角線取引といって、大手出版社のマス雑誌こそ中小書店の販売シェアが高かったわけですから。

野上　だから当時の大手出版社の経営陣にしても、そうした販売状況をよく見ていたはずで、とにかく一冊でも置くところを含め、書店は二万六千店、その背後に同数の小学校があると、くどいくらいいわれていた。それに中小書店であっても何よりも外商が充実していた。

九州でも北海道でも、小さな書店が『小学一年生』を毎月三十冊売っていたりして、有難いなあと思い、機会を得て訪ねたりしたこともあった。でもそうした書店は次第になくなり、僕が『小学一年生』の編集長になった八〇年代には次第に消えていった。あなたが指摘している八〇年代の郊外型書店の出店ラッシュによって退場を余儀なくされてしまったんでしょうね。

――野上さんが小学館に入られた六〇年代後半の時代はまだ出版業界が成長している過程で、今とはまったく出版状況が異なっている。今の書店数は当時の半分の一万三千店台になっている。今起きているのは書店数に象徴されているように、解体過程といってもいいくらいですから。

野上　それは間違いないし、解体せざるをえないところまできている。これは出版社の給料の問題ひとつとっても顕著に表れているし、今や昇給どころか、給料のカットや見直しが当たり前の状況を迎えている。それは出版社だけでなく、取次や書店も同様でしょうし、正社員比率も年を追うごとに低くなっている。

僕らが入った頃は初任給二万七千円ぐらいだったけれど、春闘を経て、その後になると一万円近く上がったりもした。現在と比べれば、すごい上がり方だし、出版業界全体が成長し、出版社も利益が上がり、小学館にしても急成長していったことの表れだったと思う。

第Ⅳ部

33 出版業界の成長と原稿料

――その大いなる恩恵に著者や作家も浴している。とりわけ週刊誌の場合は原稿料もいいいし、それを反映して取材記者、トップ屋、アンカーなども待遇に恵まれた。

野上 大手出版社の後発の週刊誌は『週刊新潮』の成功もあって、新聞社系のものに比べ、原稿料がよかった。小学館の『女性セブン』にしても、六三年創刊と後発だったから、取材費もべらぼうに出たし、車やタクシーも使い放題だったと、当時のライターから聞いた。だから優秀な人材も集まり、誌面も充実したものになった。それは『週刊ポスト』なんかも同様です。特に連載の著者や作家に対しては待遇が厚かったし、フリーの記者やアンカーなどにしても、家を建てることができた。

――下手な大学の教師の給料よりも雑誌の原稿料のほうが多いという話も伝わってきましたからね。

ただこれは『小説新潮』編集長だった校條剛の『ザ・流行作家』(講談社)に教えられたのですが、中間小説誌の場合、原稿料が高くなく、まだ文庫時代は到来していなかったために、大量に原稿を生産しなければならなかった川上宗薫や笹沢左保のような流行作家がいたという事実です。それは雑誌時代を象徴し、現在の文庫全盛時代はその終焉を告げていることになります。

野上　六〇年代を通じて、雑誌原稿料は以前より上がってはいたけれど、後発の週刊誌などと比べれば、古くからの雑誌は原稿料が安かった。『小学一年生』でいうと、手塚治虫先生の原稿料は驚くほど安く、四色でも一万五千円といったところで、週刊漫画誌が五万円ぐらいだったはずです。

――ということはまだコミック単行本の時代ではなかったので、漫画家たちも流行作家たちと同様に量産を余儀なくされた。

野上　それとオイルショックもかなり大きかったと思う。出版社の社員の給料は上がっていたけれど、オイルショックで紙が上がり、製作原価を切り詰めることになり、雑誌の編集予算に影響が及び、結局のところ原稿料にしわ寄せがいき、上げられなくなってしまった。

とりわけ文芸誌はそれが顕著で、三十年ぐらい前に『文学界』が一枚七百円、芥川賞候補になると二百円上がり、芥川賞を取ると千円を越えるといわれていた。総合誌に書くと、一枚一万円で、取材費も出たので、その原稿料のちがいで作家たちも驚いていたようです。

そんな話をある芥川賞作家にしたら、彼の場合でも文芸誌は一枚千円ぐらいで、三百枚書いて三十万円、単行本になれば当時は五千部は出たので、少しはまとまった印税が入るにしても、コンスタントに長編は書けないし、単行本も同じです。純文学は正業といえない。それで何で食べているのかと尋ねたら、講演だといってました。

―― 黒井千次も同じようなことを語っていましたね。一応芥川賞を取れば、それなりに講演依頼があり、何とか食べていけたという文学状況が八〇年代までは成立していたと考えるべきでしょう。

野上 でも後発の週刊誌の高い原稿料の恩恵を受けたのは限られた著者や作家だったとしても、先ほどの話に象徴されるように、戦後から七〇年代にかけての時代は雑誌が全盛だったことが実感される。

―― そうですね。八〇年代から文庫とコミックの時代に入っていく。

34 学年誌の発行部数

野上 その戦後の雑誌の時代ですが、これは団塊の世代の成長とパラレルで、子ども向け大衆月刊誌の創刊や学年誌の売れ行きとつながっている。例えば集英社の『りぼん』、講談社の『なかよし』と『ぼくら』の創刊は五五年ですから、そこら辺が読者層が最も厚かったと見なせるでしょう。学年誌は団塊ジュニア世代に合わせて売上も伸びましたが、ピークは、前述しましたように七〇年代で『小学一年生』四月号は十数年間に渡ってコンスタントに百万部は刷っていましたから。

だからマス雑誌の成長というのは戦後の団塊の世代に象徴される人口増加、それに伴う読者の増加が必然的に結びつく。前述の子ども向け大衆月刊誌と学年誌、中間小説雑誌、少年少女漫画週刊誌、大人向け週刊誌にしても同様だし、基本的にミニでしかない文芸誌だけはその恩恵に浴さなかった。

―― その代わりに各社から日本文学全集が絶え間なく刊行されることで文学の経済学も保たれていたことになりますか。

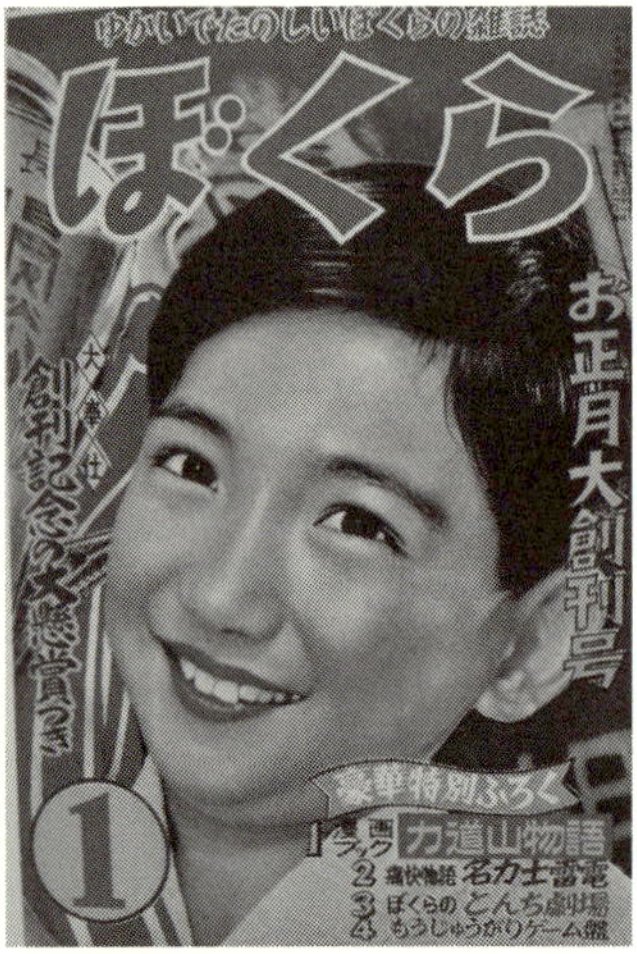

野上　でもそれも小学館の『昭和文学全集』で終わったんじゃないかしら。

――あれは確か八六年刊行でしたから、まだかろうじて外商も含めた旧来の書店の販売インフラが保たれていた時代だった。

野上　しかし八〇年代中頃になると、時代状況が変わったことは肌で感じました。『小学一年生』にしても七〇年代の勢いというのは失われていたし、それは部数にしても同じで、五、六十万部まで落ちていた。現在は三十万部くらいじゃないかと思う。

――ただ付録つきの『小学一年生』というのは重さは別にしても、当時の『現代用語の基礎知識』と判型も厚さも変わらないわけだから、それが毎月百万部近く発行されたことも信じられない気がします。

野上 それは僕も同感ですし、その厚さと付録をはさむ手間もあって、書店からすごくクレームがついたこともよく覚えている。たった十冊でもこんな高さになってしまうといわれたりした。

―― よくわかりますよ。それが小学館だけで六誌もあるんですから。学年誌だけで五百万部ということになる。

野上 いや、『小学六年生』になると三十万部くらいに落ちていたから、確かにピーク時はそのぐらい発行したかもしれないが、実売部数ではそこまでいっていない。でも低学年はコンスタントに部数を稼いでいたので、よく売れていたことは間違いない。

でもこれは後でわかったのだけれど、それぐらい売れている時でも学年誌は赤字だった。とりわけ『小学一年生』に全部の宣伝費が集中するので、それに付録を加えると、どうしても原価率が七、八〇％になってしまう。だから実売が九〇％ぐらいいけば、利益が出るのだが、落ちてくると赤字になってしまう。

―― やはり付録のコストが高いのですね。私たちの子ども時代には夜店で月遅れ雑誌と付録を売っていたこともありましたし、「出版人に聞く」シリーズ14の能勢仁さんの

『本の世界に生きて50年』でも、浅草に付録だけを安く売っている問屋があり、それを書店の祭事の拡材用に仕入れた話が語られていました。

野上　一九七〇年代までは僕たちの作った組み立て付録なんかは夜店に流れ、五円とか十円で売っていましたが、それが今では何と三万円の値段がついている。付録というのは本誌どころではないレア物になっているんでしょうね。

――　小学館にもそれらは残っていないんですか。

野上　古いものは残っていない。戦前のものは創業誌の『小学五年生』や『小学六年生』の創刊号はあるものの『小学一年生』は残っていないんじゃないかな。ですから付録は推して知るべしでしょう。

――　そういうことから考えると、本間正幸監修『少年画報大全』（少年画報社）や『少年画報』の付録まで含めた復刻はとても資料的価値があるわけですね。

野上　そうした復刻企画はマニア的収集家がいないと成立しない。ところが紙芝居にまでずっと追いかけている人はいるけれど、学年誌にはそうしたマニアは少ない。おそらくこれからは出てくるでしょうが、付録までの収集は不可能に近いんじゃないか。

――　そうでしょうね。まして実売が九〇％であれば、ほとんどの付録が組み立てられたりして使われてしまったし、まっさらのものは残っていないと考えたほうがいい。まさに利益が出るほど残っていないことになる。

35　永井豪「なぞなぞぼうやＸくん」

野上　でも本当に売れている頃は実売九〇％代までいったんです。だから僕たち編集者も力が入り、低学年のほうにはウルトラマンをずっとぶつけ、漫画にしても手塚治虫を始めとして、色々な漫画家に頼んだ。その一人が永井豪だった。手塚先生がすごいと思うのは、新しく出てくる若い漫画家は全員が自分のライバルだと考えていたことで、あんなに忙しいのに雑誌にはすべて目を通している。それでいて知らんぷりをしている。そして何かの折りに編集者が読んでいないと不勉強だというので、こちらも必ず読み、アンテナを張っている。そうしたら永井豪が『ぼくら』に「目明しポリ吉」というのを描いた。それで手塚さんがほめて、読んだかというので、僕も読んでいいと思ったと返した。すると手塚さんはすかさず僕に、いいと思ったらそういう人に頼むべきだといった。

――手塚が「ハレンチ学園」の永井豪をほめていたとは意外ですが。

野上　六八年に『少年ジャンプ』が月二回刊で創刊され、「ハレンチ学園」の連載も始まり六九年に週刊化されるので、それは六八年頃だったと思う。僕はまだ新入社員だったけど、永井さんの絵はかわいいし、小さい子向けだからちょうどいいと考え、なぞなぞ漫画を描いてくれと依頼した。それが「なぞなぞぼうやXくん」で、六九年正月号に掲載された。それはなぞなぞ星からきたXくんがコタツに当たりながら、目の前の女の子になぞなぞを出して、彼女もまたなぞなぞを返す。そうして色々ななぞなぞを出しっこしているうちに、最後にXくんが音はするけれども、姿が見えないのは何だという。女の子はそれがおならとわかっているけれど、答えられず、顔を真っ赤にしてしまう。それで終わる話ですが、すごく受けた。

最初に僕はもし人気が出たら連載させてあげるからと偉そうなことをいっていたので、永井さんに四月号から連載できそうだと伝えた。そうしたら永井さんはいや、申し訳ない、『少年ジャンプ』が週刊化するので、毎週書かなければならない、しかも十六ページから多い時には二十ページだという。それが『ハレンチ学園』で大ヒットし、映画化、テレビ化もされ、本宮ひろ志の『男一匹ガキ大将』と並んで、『少年ジャンプ』躍進のコアになった。僕も読んで面白いし、子ども漫画として画期的な作品ではないかと思ったりもした。

――『少年ジャンプ』の読者ではありませんでしたが、『ハレンチ学園』が一世を風靡したことを覚えています。それに私見によれば、山上たつひこの『喜劇新思想大系』や『がきデカ』も『ハレンチ学園』の系譜上に出現していると思う。

36　松谷みよ子と童話連載

野上　そのとき永井さんの連載を『小学一年生』でできなかったのは残念だったけど、その後、たびたび連載していただいたし、結婚式にも呼ばれた。『小学一年生』で、童話の連載を始めたのもその頃です。連載としたのは、単発でやっていると、いつやめさせられるかわからないからです。それで毎月色んな作家に書いてもらいたいし、会いたいという意図もあって、毎号十六ページを用意することにした。ところが例のあかつき戦闘隊問題が尾を引いていて、児童文学者協会は全面的に執筆拒否で書いてくれない。

松谷みよ子さんにも書いてくれと頼んだけれど、小学館とは仕事ができないという状態だった。それで仕方がないから、彼女の講演会があるたびに参加し、しつこく質問し、時間切れとなるのを待ち、楽屋へも押しかけて話をした。それから小学館の名刺を出すと、前から電話をかけてきているのはあなたなの、しょうがないから書いてあげるわということになったりもした。

そうした事情と連載に際しての多彩な執筆陣の紹介のためにも、編集委員といった名目の人たちがいたほうがいいと思い、神宮輝夫さんと寺村輝夫さんと大石真さんにその任についてもらった。そして彼らに色んな作家たちを紹介してもらいながら連載を続けた。それから僕が『小学三年生』に移ってからも、編集長が創作童話ページ顧問みたいなかたちで、必ずその会議の時には呼んでくれて、十年間ほど続けることができた。編集長が偉かったことに尽きるし、『小学一年生』に戻ってきても続けられたのはその編集長のおかげです。

―― そこまで風通しのいいというか、寛容な編集長というのはめずらしいんじゃないでしょうか。普通であれば、もういい加減に打ち切れというのが当たり前ですから。

野上 そう、だから本当に助かった。その編集長というのは僕が辞めるという話になると、必ず辞めるなと止めてくれた。新入社員の時から、お前を見込んでいるし、使い捨てにしないといっていた。僕がまだ一番下っ端であっても、増刊号などをまかせてくれたり、全面的にバックアップしてくれた。

実は小学館で七十二時間のストライキをやったことがあるんですよ。しかもその時に青年婦人部の連中を引っ張りこみ、社長室の前で座り込みをさせてしまった。そうしたら社長がトイレにいけなくなって大変だったらしい。そんなことがあったので、上の人たちから社長にお前は嫌われているよと、ずっといわれ続けてきたわけです。僕にしてみれば、どうせ嫌われているのだから、好き勝手にやってやろうじゃないかと思い、あちこちで傍若無人にふるまってきたという事情もあった。ところがいつもその編集長が全面的にカバーしてくれていた。

―― 通俗的なことをいって恐縮ですが、野上さんは上司に恵まれたということになるのかな。

野上 それは間違いなくいえるでしょうね。直属の上司には恵まれました。会社でいろいろ自由にやらせてもらえたのは『ウルトラ怪獣入門』や『怪獣図解入門』などの売れる本を出してきたということも作用していたと思う。僕を含め、円谷プロとの折衝を命じられ、それらのウルトラマン関連本を編集した連中はみんな鼻柱が強いので、編集部の次長なんかを引っ張り出し、文句をいったりもしていた。俺たちがこんなに稼いでいるのに、何もしていないあいつだけが偉くなり、俺たちに何の見返りの配慮もないというわけで、それを直接にいったのは後に独立して飛鳥新社を立ち上げた土井尚道くんです。

――そうでしたね、確かに飛鳥新社の社長は小学館出身だった。

野上　彼も最初は学年誌からスタートして『GORO』の編集者になった。その土井くんが次長を引っ張り出し、一言いうことになった。俺たちは日曜日も出て仕事をしているのに、何の見返りもないのはどういうことだとかまし、それから僕に振った。それで色々と文句を並べ立てた。そうしたら次長も悪い悪いといいながら懐柔策に出て、撮影現場では新しいカメラが必要だろうと、怪獣の撮影用に新しいカメラを買ってくれた。まあ、僕たちの顔を立ててくれたんだと思いますが、そんなことが通っていためちゃくちゃな時代でもあった。

――その土井と飛鳥新社にまつわる話は同社の元取締役営業部長の内山幹雄の『磯野家」のあとしまつ』（こーりん社）に書かれていますが、野上さんが今いわれた「めちゃくちゃな時代」を再現するような「問題人物」が集まった飛鳥新社がコミックのように描かれ、思わず笑ってしまいます。

野上 そんな本が出ていたのですか。それは知らなかったし、読んでいない。

―― 話の流れの中で、おそらく言及することになると思いますが、とりあえず進めて下さい。

37 辺見じゅん、角川春樹、『日本の民話』

野上 その『小学一年生』の童話連載に絡んで、角川春樹さんのお姉さんで後のノンフィクションライターの辺見じゅんさんが子どもも小学校に上がるくらいになったので、自分も童話を書きたいと紹介されて会った。当時彼女は清水眞弓といって『ジュニア文芸』などにジュニア小説を書いていて、その担当者から紹介され、僕が何度か手直しをしながら、童話を書いてもらうようになった。

それですっかり親しくなり、清水家に出入りするようになった。そこに親父さんと折り合わなくて、アメリカにしばらくいっていた春樹さんが帰り、弟の歴彦さんと家族一同で歓迎の祝宴を開くので、来ないかという招待を受けた。すると春樹さんはエリック・シガールという無名の新人の『ラブ・ストーリィ』の翻訳権をとってきたことで昂奮していて、この物語はすばらしいし、俺の人生と同じだといって涙を浮かべて話すわけです。それにはこちらも初対面だっただけに驚いてしまった。

――この『ラブ・ストーリィ』がライアン・オニールとアリ・マッグロー『ある愛の詩』として映画化され、ミリオンセラーになり、角川春樹が二代目としてカムバックする。そして活字と映画をメディアミックスさせた角川商法を展開していくきっかけとなった。

野上 そういうことです。春樹さんは『カラー版世界の詩集』を企画してヒットし、お父さんに認められ、出版部長になったけれど、その後が続かなかったのでしょうかね。それがこの大ヒットでカムバックすることになったんでしょう。

それでこれはお父さんの角川源義ラインの企画ではあるけれど、『日本の民話』という全十二巻物をやることになった。その編集委員の中に松谷みよ子をどうしても入れたいので、紹介してくれと清水さんからいわれた。それで二人を連れて松谷さんのところにいった。その途中で、僕は春樹さんにお金の話はしないでくれ、松谷さんはそういうことがいちばん嫌いだからと伝えた。

ところが松谷さんはそんな大それた仕事はやりたくないという。春樹さんがこの編集委員を引き受けて頂ければ、家が一軒建ちますよなんていってしまった。そしたら松谷さんが、馬鹿なことをいうんじゃないわよ、そんなことをいってるんだったら、お父さんの時代に関敬吾先生の『日本昔話集成』が出ているけど、絶版で古書価が高くなっているので重版しなさいよと返した。それを受けて、その場で春樹さんが会社に電話して、すぐに『日本昔話集成』の重版を命じ、松谷さんがしょうがないわねと編集委員になることに決まった。

――『角川書店図書目録（昭和20～50年）』を見ますと、関敬吾の『日本昔話集成』は一九五〇年から五八年にかけて出された六巻本です。おそらく十年近く絶版になっていて、重版にはそのような事情が秘められていたのですね。

野上　その他にも色んなエピソードがあって、松谷さんが、私だけでなく、娘たちの父親で、別れた夫の瀬川拓男にも加わってほしい、彼が入ることによって作品の選び方も変わってくるのでと提案した。もちろん春樹さんはすぐにOKとなった。松谷さんにしてみれば、瀬川さんが結核で横須賀の療養所にいてお金がないことを知っていたし、また自分が民話に関わるきっかけとなったのが彼だったこともあり、そのような配慮を示したのだと思います。

――松谷の出世作とでもいうべき『龍の子太郎』は瀬川とともに採集した信州地方の民話に基づいているようですから、そうしたことも絡んでいる。

野上　それもありますが、松谷さんのところに集まっていた民話の会の人たちも、『日本の民話』企画に動員されていく。その会に関心を持ったのが清水さんだった。民話の会は毎週みんなで集まり、月に一回の採集旅行に出かけ、色々と採集してきたことを話したりする会で、来る者はこばまずだったから、清水さんも熱心に参加するようになり、松谷さんの一番のアシスタントのかたちで、色んな取材旅行にくっついて回ったようです。その結果が創刊間もない『野性時代』に日本のシルクロードを取材した作品として掲載され、辺見じゅん名義のデビュー作となる。

――『日本の民話』のほうも成功して、こちらも『日本民俗誌大系』全十二巻へと企画が継承展開されていった。

38　『野生時代』創刊エピソード

――今うかがった話は「角川書店略年表」（『角川源義の時代』所収）などを参照します

と、『ラブ・ストーリィ』のベストセラー化が一九七〇年、『日本の民話』の出版が七三年、『野性時代』創刊が七四年ですので、大体六〇年代末から七〇年代半ばにかけてのことですね。

野上 まさにそうで、そこら辺で春樹さんと親しくなり、書きたい本があれば出してやるといわれたりもしたので、自分の本ではなく、友人の翻訳書を二冊引き受けてもらった。

そんなこともあって二人で飲んでいたら、『野性時代』という雑誌を創刊するので来ないかと引っ張られた。その時、春樹さんが、どうしても吉本隆明に連載してもらいたいという。僕は吉本隆明の著作目録みたいなものを作製し、吉本さんのところに持っていったことがありました。そうしたら吉本さんから、本当に有難いことですが、もっと詳細なものを作っている人たちが他にもいるといわれ、後に弓立社を始める宮下和夫さんを紹介された。それで宮下さんに教えてもらった様々なファイルも含め、春樹さんに見せ、これらもすべてふまえ、それから吉本さんに会いにいったほうがいいですよという話をしたりした。

――角川との関係に深入りしていったことになりますか。

野上　それほどでもありませんがね。そのことから創刊号の企画も提案したりしているうちに、ぜひ来てくれという話になった。それですっかりいく気にもなったが、角川書店内部事情もあるから、金は出すので、とりあえず一年間ぐらい海外を回って勉強し、それからきたほうがいいんじゃないかともいわれた。

そこまで話が進んだので、編集長にこういうオファーがあり、すぐにとはいわないが、来年の三月ぐらいには辞めたいと申し出た。すると編集長はちょっと待ってくれ、色んな人から話を聞いてみるからといってくれた。それから出た話によれば、角川は組合がいくつかに別れて大変で、経営陣ともかなり対立状態にある。もしお前がいけば、黙っていられる性分ではないので、必ず組合問題に巻きこまれ、どのつまりは角川春樹ともうまくいかなくなるぞとはっきりいわれた。それで考えているうちにデスクにされてしまい、機会を逸してしまったことになる。もし角川に移っていたらどうなっていたか、まあ、結果的に断わってよかったと思う。

39 角川春樹と飛鳥新社

―― 同時期に私の友人にも声がかかりましたが、やはり断わっています。ギャラはよかったにしても、角川春樹との組み合わせはどう考えてもうまくいきそうになかったからで。

野上 春樹さんは色んな人たちをリクルートしようとしていたんじゃないかな。ぼくが断った後も、清水眞弓さんの紹介で、同期の女性と後輩の一人が小学館から角川に移っている。前に話した『GORO』編集部にいた土井尚道くんも、春樹さんをインタビューしたのが縁で、春樹さんのバックアップで飛鳥新社を立ち上げています。

―― そのことは先述の『「磯野家」のあとしまつ』にも出てきます。それによれば、最初の資本金に関してはわかりませんが、取次口座の開設は角川春樹のバックアップで好条件のようですし、角川の子会社富士見書房発行の『月刊ポップティーン』の編集を請け負い、ライバル誌の廃刊もあり、最盛期には三〇万部に達したとされています。

野上 その『月刊ポップティーン』を創刊するのが目的で、春樹さんは飛鳥新社を立ち上げさせたんでしょうね。

――それは間違いないでしょうね。そもそも角川書店は創業時に飛鳥書院を名乗っていましたが、すでに同名の出版社が存在したので、熱望していた社名を断念したという事情がありましたから。

野上 それはまったく知らなかった。とすれば、春樹さんはかなり飛鳥新社に思い入れがあったことになる。

土井くんは『GORO』の取材で、春樹さんに会って心酔し、自分で出版社をおこしたいというので独立した。それを支えたのが春樹さんに他ならなかったわけだ。

それから土井くんは春樹さんにやはり小学館にいた井川浩さんも紹介した。井川さんは『少年サンデー』の創刊に携わり、『小学二年生』編集長時代に藤子不二雄と組み、『ドラえもん』を世に送り出したことで知られていたが、組合関係のトラブルがあって、閑職に追いやられ、退職して自分で出版社を立ち上げていた。土井くんの紹介を受け、春樹さんに会ったら、井川さんは、二つ返事で角川書店に入ったと聞いています。

井川さんはテレビ局とつながりもあって、しかも雑誌づくりがうまい人だったので、『ザ・テレビジョン』を創刊し、それが『東京ウォーカー』へとも展開され、最後は常務兼雑誌局長にも就任した。ところが角川書店の内紛、及び春樹さんの社長辞任と歴彦さんの復帰などに巻きこまれ、春樹さんと一緒に退社するようなかたちになってしまったようです。

―― そうした土井と井川両氏の角川書店との関わりについては佐藤吉之輔の『全てがここから始まる、角川グループは何をめざすか』（角川グループホールディングス）にも言及されています。

野上 そうですか。それなら僕が話すまでもなかったかな。

―― いや、ストーリーはかなりちがっていますので、野上さんならではの証言も残しておいたほうがいいと思いますよ。

ところで肝心の野上さんのほうは辞める機会を逸し、小学館での編集もそれなりに長くなってしまった。

第Ⅴ部

40 『小学一年生』の編集長になる

野上　それから、一九七五年に『小学一年生』編集部にもどってデスクになり、七八年には副編集長に、八〇年には編集長代理で実質的に編集を統括し、二年後に編集長になります。

その間、谷川俊太郎さんの詩に和田誠さんのイラストで連載していただいた作品は、『いちねんせい』というタイトルで後に絵本になり、今も毎年新学期には売れています。一〇万部は優に超えているでしょう。

谷川さんの連載が終わった後、谷川さんの推薦で糸井重里さんに詩の連載をお願いしました。このとき、糸井さんの提案で、当時東京芸術大学の大学院生だった日比野克彦さんに段ボールで立体作品を作ってもらい、これを撮影してイラスト代わりに掲載しました。おそらく、日比野さんの最初の商業雑誌デビューだったと思います。これも後に『おめでとうの　いちねんせい』という詩の絵本になっています。日比野さんには、その後作品集を何冊か出させていただきました。

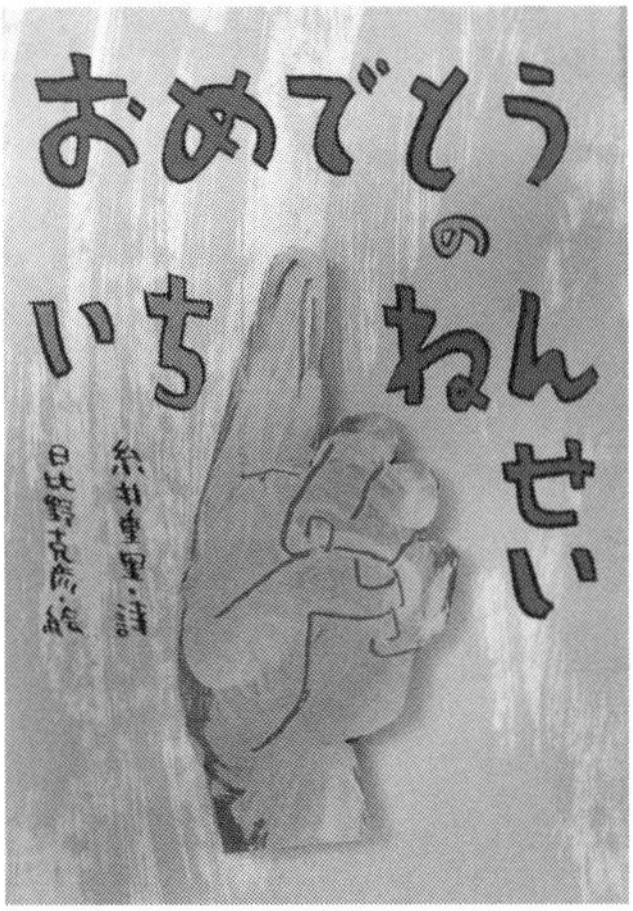

糸井さんの後に、当時「夢の遊眠社」を立ち上げて人気上昇中の野田秀樹さんに、『あいうえおは あいからはじまっているぜ』というタイトルで、言葉遊び詩を連載していただきました。「あ行」から始まって、「ん」まで一年で終わる予定だったのが、結局一二か月で最後まで行きつかず「さ行」で終わり、野田さんが忙しくなって中断してしまいました。小学一年生の読者を相手に、かなり思い切った連載や企画を実現しましたが、他の学年の先輩編集長たちからは学年誌らしくないと批判されっぱなしでしたね。

毎月創作童話を連載していたということは前に話しましたが、これを二〇取り三二ページのペーパーバック版の絵本に仕立てて、「小学館こども文庫 創作童話」というシリーズにして、八一年

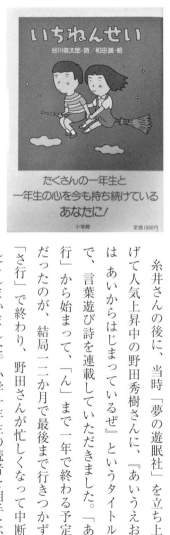

から二〇数冊出版しました。書店の店頭に設置していた絵本塔に入れてもらうテレビ絵本シリーズというのがあったのですが、ここに定価三〇〇円の創作絵本を入れようと考えたわけです。企画案から装丁も含めて、すべて一人で全く趣味的に作りました。

佐藤さとる・文／村上勉・絵の『はさみが あるいたはなし』。寺村輝夫・文／さとうわきこ・絵の『わらったぞう』。山下明生・文／渡辺洋二・絵の『ひらがなむし』。末吉暁子・文／村上勉・絵の『けしゴムおばけ』。神沢利子・文／黒井健・絵の『スプーンのくにの こびとのプン』。川崎洋・文／飯野和好・絵の『おじいさんのえ』。舟崎克彦・文／スズキコージ・絵の『しっぽがなんだ』、あまんきみこ・文／黒井健・絵の『ぎんいろのねこ』などで、その後他社で復刻された作品もたくさんあります。

初版三万でスタートしたと思いますが結構売れましたね。これと並行して、「小学館こども文庫　科学シリーズ」という写真絵本シリーズも立ち上げ、これは編集スタッフに好きな巻を担当してもらって、やはり二〇冊ほど刊行しました。これもよく売れました。

——そういった経験が、全55巻の「少年少女世界の名作」シリーズなどにつながったのでしょうか。

野上　「少年少女世界の名作」とか「少年少女世界の名作文学」というタイトルのシリーズは、六〇年代の初めから何回も出版していますが、全55巻というのは、七一年に刊行された「ワイドカラー版　少年少女世界に名作」でしょうかね。ぼくは全く関わっていませんが、あれは結構売れたんじゃないかな。子どものころに読んで、それがきっかけで児童文学作家になったという人に何人か会いましたから。

ただ、長大なシリーズの場合、立ち上がりはよくてもだんだん先細るし、完結した後は徐々に返品されてくるから、最終的にしめてみると赤字になっていることが多いんです。

——「ワイドカラー版少年少女世界の名作」は55巻だから、長期にわたって大部数が刊行され、最終巻が一〇万前後だったとしても、膨大な部数が出されたことになるし、その返品も半端なものではないわけですね。

野上　そこが書籍と雑誌の異なるところで、雑誌だったら、翌月返品され、結果が出るわけだけど、書籍の場合はそうはいかない。

当時からしばらくは、小学館の雑誌と書籍の売上は半々くらいだったと思いますが、書籍に関しては売上は伸びていても利益は出ていなかったし、書籍出版のセオリー自体が定まっておらず、お金もかけ過ぎだったと思います。

――それで思い出されるのは六〇年頃に刊行の『図説日本文化地理大系』全18巻ですね。近年私はこれを愛読しています。どうしてかというと、収録写真の量が膨大で、この写真だけでも五〇年代の日本社会の豊富な資料ではないかと考えているからです。だから立派な企画だと見なせるのですが、『小学館五十年史年表』の口絵写真にも掲載されていないことからすれば、売れなかったと判断してしまう。再販委託制下における大型企画の宿命とでもいうべきでしょうか。

41　『国際版少年少女世界童話全集』のことなど

野上　そういう例は本当に多いけど、五十年史の口絵に掲載されていなかったというのは、編集者の主観が反映しているのでしょうね。あのシリーズは、ぼくもすばらしかったと思いますよ。そういう意味では、ファブリの『国際版少年少女世界童話全集』などもシリーズ化して大儲けしたといわれているけれど、利益が出たのは最初のものだけで、それもわずか数百万円、後に出した何シリーズかはすべて赤字だった。

―― それでも出すことができたのは小学館の売上、及び出版業界そのものが成長していたからで、それが止まってしまえば、そうした企画は成立しない。吸収されていたマイナスが全部吹き出してしまう結果を招きますから。

野上　だからトータルすれば、書籍で利益が出たことは少ないでしょうね。百科事典にしても、児童書にしても、まだ競合出版物が少なかった時代には利益が出た、儲かったといわれていた。それで児童書の担当部長が役員となったりしていた。ところが先の『国際版少年少女世界童話全集』の延長で出版したスペインのシリーズはひどい絵で、日本の子どもたちの好みに全くあわない。

僕もさすがに頭にきて、いくら何でもひどすぎると今の社長に文句をいった。そうしたら社長がいうわけですよ。上野さんはそうやって他の編集部の仕事にけちをつけるから嫌われるんだ、もういい加減に上司や他の人の仕事を批判することは止めたほうがいいよと。

相賀さんは、まだ入ったばっかりで役員だったけれど、二人で一緒に全国の書店を回ったことがあった。『小学一年生』の拡販のためだった。それでずいぶん色々な話をした。それで関西支社にいった際に、関西支社長と飲むことになった。支社長は当時の相賀徹夫社長に面と向かって意見をいえる唯一の人物だということで、みんなから怖がられ、飲むといってもみんなが逃げてしまうと噂されていた。

ところが僕は相賀さんと一緒に飲むことになり、それで新しくスタートしたスペイン版の世界名作の翻訳シリーズの話になった。支社長は、うちの娘も、絵がこわくて、とても子どもに見せられないと言っているとのことを聞いて、僕もまったく同感だったから、すっかり嬉しくなり、さらに調子に乗って批判した。

―― そこでも野上さんは寛容な役員たちに恵まれていたことになりますか。

野上　そういうことになってしまうね。その後で、だったら君がやれということになり、『小学一年生』編集長のかたわらで、児童書出版部に関しても全部引き受けさせられる。その出版部は二十人ぐらいいたが、出せば赤字になるからと、二年間ほどずっと仕事がストップさせられていた。

――それは思い切った処置に他ならないですから、クレームばかりでなく、反発も大いにあったでしょうね。

野上 当然ですね。だってその編集部は平均年齢が次長にされたばかりの僕よりも上だし、定年間際の人たちも混じっているし、彼らを納得させるのは大変だった。

赤字であるにもかかわらず、彼らは利益を上げていたというので、全部よく調べてみた。それでわかったのはあのファブリの全集にしても高い買い物をさせられたに尽きるのではないかということがわかってきた。

――悪い言葉でいえば、ババをつかまされたことになる。

野上 ファブリから買ったままずっと寝かしっぱなしの二五巻のシリーズがあって、それが資産勘定され、税金が発生し、赤字の原因ともなっていた。

――似たような話は他にもあって、これは社名は挙げませんが、やはり国際ブックフェアで、社長が独断で百科事典の版権を買ってしまい、翻訳して出したまではいいけれど、まったく売れなかったことと高い版権料によって、危機を招いた一因となったと聞いたことがあります。

42　コミックスの刊行

野上　出版が怖いことはわかっていましたが、海外の翻訳絡みのシリーズ出版は版権料などが生じるので、さらに落とし穴があるのだと実感した。これも少し前述しましたが、特に大手の場合、年次の売上だけで見ていて、シリーズ全体をフォローしていない。シリーズで締め、一応は継続出版の寿命が尽きた時、どれだけ利益を上げているかといえば、赤字になっていることが圧倒的に多い。

ところが雑誌はフローで、その頃の小学館の雑誌は全体で利益を上げていたから、雑誌の黒字で書籍の赤字を帳消しにしても、十分に利益は確保されていた。

それに一九七〇年代以後、コミックの単行本が加わる。それ以前は『忍者武芸帳』の「ゴールデン・コミックス」じゃないけれど、名作の定番をセレクトし、書籍として出していて、それ以外のコミックは『少年サンデー』の連載物でも、秋田書店に出させていた。これは秋田書店の社長が小学館出身だったことも関係があったのか、なかったのかはわからないけどね。

ところがそれは自社の雑誌のコンテンツだし、自分のところで出したいというわけで、七〇年代半ばから「サンデーコミックス」などが刊行され始める。

―― それが現在の少年コミックの新書判型で、楳図かずおの『漂流教室』や池上遼一の『男組』が思い出されるし、実際にそれで読んでいます。

野上 それに合わせて、学年誌でも「てんとう虫コミックス」を創刊して「ドラえもん」をはじめ、新書版で出版した。利益率も群を抜いていいし、とにかく毎年大きな利益をもたらすようになった。

―― すばらしい。この時代から大手出版社の売上構造というのは雑誌が主で、それに書籍が従であったところに、コミックが加わり、雑誌とコミックを中心にして書籍が乗っているかたちが定着していった。そして八〇年代以後の出版業界の生産、流通、販売の根幹にもなっていったわけですね。ところでそれは小学館が先駆けだったのですか。

野上 「ゴールデン・コミックス」は、六〇年代中頃からだったから先駆けと言えるでしょうね。でも一二〇巻くらい出した段階で、在庫管理がむずかしいんでやめちゃいます。いまのコミックスにつながるシリーズは、講談社の方が早かったような気がする。講談社の場合、文庫を創刊し、その販売経験から安い定価のものをきちんとフォローして売るという体制を確立した上で、コミックも立ち上げたんじゃないかと推測している。その講談社に対して、小学館のほうが文庫体験がなかったとはいえ、自社のものだから企画や編集に手間はかからないし、主たるコストは印税と紙代で、重版も簡単だし、どんどん出していける。だから集英社も同様に参入してくる。ぼくも「てんとう虫コミックス」創刊の時に、何冊か担当しました。

―― さすがに我々の記憶でも、その頃はまだ友人たちのアパートの本棚にコミックが並んでいることはなかった。青林堂のものですらそうだった。

野上 そう、だから七〇年代半ばからコミックが出され始めたのはかなり大きな出来事だったと見ていい。

―― 大手出版社が雑誌のようにコミック単行本を刊行するようになり、雑誌と同じ大量生産、大量販売、大量消費へとつながっていく。七〇年代前半の日本の消費社会化、コンビニ、ファミレス、ファストフードなどの誕生ともまったく重なっている。

野上 それから同時期のオイルショックも大きいけれど、やはり出版業界に最も大きな影響を与えたのはコンビニでしょう。『少年ジャンプ』の八〇年代後半から九〇年代にかけての大躍進はコンビニを抜きにして語れないし、両者の成長によってコミックの売上が伸びていったのも事実でしょうから。

43　多くの肩書のある名刺

――その影響を受け、八〇年代になって紀伊国屋や丸善、大学生協などもコミックを置くようになる。そして雑誌とコミックをコアとする大手出版社体制も確立され、それまでの書籍のステータスは下がっていく一方だった。もちろんそれが幻想だったことも否定できませんが。

でもそのような流れの中で、野上さんの小学館でのポジションも必然的に変わっていかざるをえない。

野上　まあ、それは僕が決めたことではなく、人事ということになってしまうけど、一時は名刺の肩書が五つも六つもあるような状態になってしまった。

――具体的にいいますと。

野上　次長になって児童書出版部の面倒をまかされたところまでは話しましたけど、そ

の後低学年と高学年の雑誌も担当することになり、三つを掛け持ちするという立場に追いやられたというか、いつの間にかそうなってしまった。

それで当時の名刺を確認してきたのだが、低学年編集部次長、高学年編集部次長、『月刊絵本』編集長、児童図書編集長、『小学五年生』編集長などとあって、とんでもなく多忙な日々を送っていたのだとあらためて思い出した。

そうしているうちに児童書の動きも少しよくなってきたし、やりようによっては売れるのではないかとも思い、学年誌を離れて児童書部門の部長として全体をまとめて見ることになった。それで新たな名作シリーズ『日本おはなし名作全集』と『世界おはなし名作全集』を出した。これらはかなり売れたので、その後に取りかかったのが『21世紀こども百科』だった。これは販売のほうから上がってきた企画で、以前の『こども百科事典』を十二巻で出してくれないかというものだった。

――一九七〇年に出された小学低学年を対象としたオールカラーの『こども百科事

典』全八巻、及び七四年の『小学館学習百科事典』全十二巻＋別巻の増補改訂版といっていいんでしょうか。

野上　そう、販売の意向はそれだった。でも後者の編集体制を確認してみると、六、七人の編集スタッフが、刊行までに三年くらいかかっている。その理由は通常の百科事典をつくるのと同様に、各監修の先生たちを呼び、毎週会議を開いて項目選びをする。それを重要度からランク付けし、立項スペースを決めていくプロセスをたどっている。だから本が出る前に編集者の人件費だけで三年分が先行投資されていることになる。実際に二十万部売れたとしても、それらのコストを年次ではなく、通年次で見れば、やはり赤字になってしまう。

それもそのはずで、項目選びの会議にしても、監修の先生を何人も呼び、晩飯も用意し、その後ハイヤーで送ったりしていた。雑誌編集の側から見ると、とりわけ学年誌は金を使えなかったから、それはおかしいと思った。そうしたら接待だけでなく、ファブリの版権取得に象徴される海外物出版とかにも金がふんだんに使われていて、児童書出版の赤字の主たる原因ともなっていた。

――大手出版社の雑誌と書籍の棲み分け関係というのはえてしてそのようにして成立

していたんでしょうか。

野上　これは公然と語られていなかったけれど、雑誌で儲けるから、書籍の赤字は仕方がないという暗黙の了解みたいなものが蔓延していたとしかいいようがない。雑誌のフローと書籍のストックの問題の見極めということになるが、当時はそこまでシビアに分析されていなかった。

――前にもいいましたが、売上が伸びているうちはそうした赤字も吸収され、目立たないが、マイナスになってくると否応なく浮かび上がってくる。それは出版社のみならず、取次も書店も同様でしょう。

44　『21世紀こども百科』の企画

野上　当時の出版状況は現在のような連続売上マイナスに陥っていなかったが、僕は同じことを繰り返すのはいやだし、企画として成立しないと思っていたので、一冊にしたらどうかと考えた。ちょうどワープロのルポのソフトができたばかりだったこともあり、家に帰ってから「ア」から順に思いつく言葉を入れていった。「あい」、「アイスクリーム」、

「あさがお」みたいな感じで始め、自分で項目を並べてみた。それから教科書に載っている言葉と対照し、二百五十項目にしぼり込み、一つの項目に関して見開き一ページで処理する編集案が浮かんできた。

―― そうか、一九九〇年代になって、見開き一ページで一つのテーマや歴史など扱う一冊本百科が多く出されていきますが、その走りは野上さんが考えた『21世紀こども百科』だったんですか。

野上 でもそれは僕のオリジナルではなく、講談社が一九八四年に出した『大図典Ｖｉｅｗ』の子ども版を作りたかった。ちょうどその頃、イギリスのドーリング・キンダースリー出版社が出していた「ＥＹＥ ＷＩＴＮＥＳ ＧＵＩＤＥＳ」というビジュアル本シリーズが全部見開き、一冊ワンテーマの編集で、そのレイアウトがすごく面白かったし、参考になった。そのイラストを担当しているのはフィレンツェのデザイン工房だという。今の相賀社長の紹介を受け、フィレンツェに出張し

た際にそのデザイン工房に寄ってみた。そうしたらドーリング・キンダースリー出版社用のデザインペーパー、つまり割り付け用紙を見ることができた。その中に写真や絵をはめ込みで入れていく編集システムだとわかった。

ただドーリング・キンダースリー出版社の場合、ロンドンにあるから大英博物館と図書館の写真資料のコストはあまりかからない。その写真では足りないところを、イタリアの工房で絵を描かせ、補っている。その絵はものすごく細かいもので、細密画といってもいいほどだったが、費用を聞いてみたら、一枚につき日本円換算で八千円だという。それでこの工房にイラストをたのもうかと思ったけど実現できなかった。

だから写真資料の問題はともかく、まずこちらもデザインペーパーをつくり、それに合わせてやっていくことにした。デザイナーは義江邦夫さんといって、篠山紀信の写真集のデザインなどを担当していた人で、篠山さんの評価も高く、三浦雅士や浅田彰たちとも仕事をしていた。

その義江さんと相談してフォーマットをつくり、そこに項目をはめこんでいくかたちにした。二百五十項目だから、五百何十ページかになった。それが「あい」から始まっているのは以前に『小学一年生』で、谷川俊太郎さんに詩を連載してもらい、その中に「あいしている」というのがあったので、その詩を「あい」のところに再録させてもらうつもりだったからだ。ところが谷川さんは新しい詩を書くという。それで「あい」という詩を書いてもらった。

―― あらためてこの『21世紀こども百科』の巻頭の「あい」の見開き一ページを見ますと、左ページに「あい　口で言うのはかんたんだ／愛　文字で書くのもむずかしくない」から始まり、「あい　くりかえしくりかえし考えること／愛　いのちをかけて生きること」で終わる詩が置かれ、右ページには地球の絵が描かれ、それらの下に三十二人の子どもたちの手をつないでいる写真がレイアウトされている。それから「あいさつ」「アイスクリーム」「アゲハチョウ」「アサガオ」「アジア」「アニメーション」「アブラナ」「アフリカ」「あめ」「アリ」と続いていく。これは野上さんを目の前にしていうのは何ですが、画期的な子どものための百科だと思いますし、「21世紀」がタイトルに入っているのもすばらしい。

野上　とても、いいでしょ。これまでこういう本にはなかった「かいじゅう」や「おばけ」も入っています。僕が『21世紀こども百科』というタイトルを出したら、当時の社長の相賀徹夫さんが、21世紀になったら使えないじゃないかといったりしたので、20世紀フォックス社という映画会社もあるわけだから、いいじゃないですかと色々いって、押し切ってしまった。

でもこれにはまだ後日譚があって、五月に全国の書店を招待して謝恩会が開催され、そこで秋の企画を発表する。そこで見本や表紙を出し、『21世紀こども百科』が今年の秋の目玉だと大がかりなプレゼンテーションをした。そうしたら相賀社長が反対したことを思い出したのか、それを見て、えらく怒り、本当にこんなタイトルで出すのですかといった。ところが出したら、飛ぶような売れ行きで、あっという間に五十万部を超えてしまい、今でもまだ売れている。

45 『こども百科』のシリーズ化

―― ここに持ってきましたのは一九九一年十二月初版第1刷、九六年第20刷ですので、ベストセラーとロングセラーの双方を達成しているし、しかもその後第二版、三版も出されていく。本当に企画も売れ行きもすばらしい。

野上 それはよかったのだけれど、売れたことでシリーズ化され、『21世紀こども地図館』『人物館』『科学館』、『大図解』『歴史館』と続けて出した。だから九〇年代はこのシリーズで明け暮れたようなところがあった。『大図解』は『少年マガジン』巻頭の大伴昌司による「大図解」がずっと頭にあり、ぜひやってみたかった企画なので、自分で何テーマかを図解した。ただ残念なのは『21世紀こども百科』にこめたイメージは二一世紀が平和で幸福な世界であることだったけれど、現実にはそれが異なっていることです。

—— それは野上さんの責任ではないでしょう。それからこれは大人向けの『日本20世紀館』も発行者名は上野明雄とありますから、こちらも野上さんが担当されている。

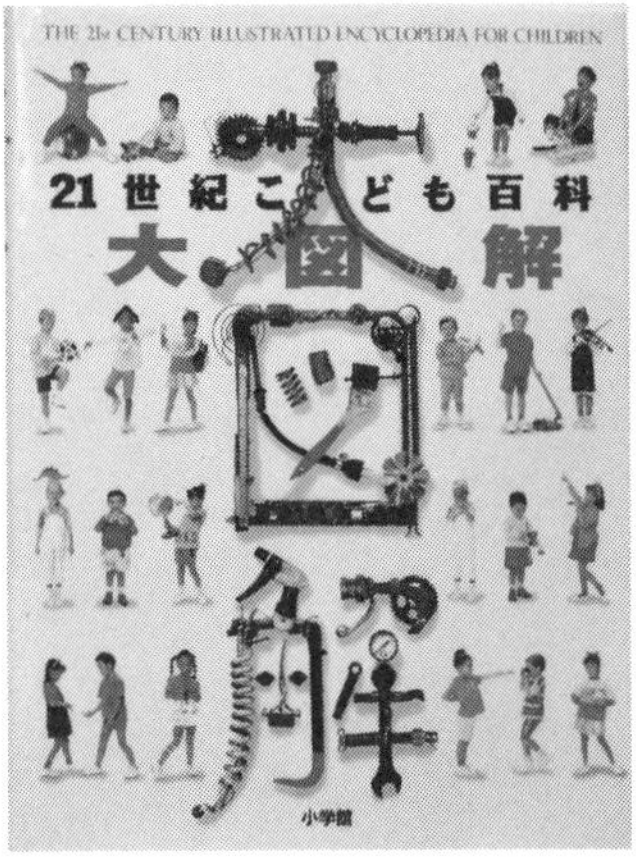

野上　ああ、それは一般書の部署に移ってからですね。「子ども百科シリーズ」は毎年一冊ずつ出していた感じです。でもこのシリーズの実績によって児童書の黒字化を達成できた。当時の定価は五千二百円だったし、『21世紀こども百科』が売れたこともあって後続シリーズも初版は十万部からスタートしたので、売上にはかなり貢献することになった。

—— 五千二百円の十万部ですから、それは大きい。それに一巻本で売るというのは製作や宣伝のみならず、流通販売においてもメリットが多いし、そういう時代に入っていた。

野上　子どもにとっても一冊で百科事典代わりになるというコンセプトはわかりやすかったし、それにおじいちゃん、おばあちゃんがまだ小学校に上がっていない孫のために買ってくれたという話もよく聞きました。それも大きいし、定価もちょうどよかった。

それとこれは自分でいうのも何ですが、長年の学年誌の経験が生かされたことも大きいですね。それがなければ、『21世紀こども百科』の編集コンセプトは成立しなかったでしょう。

46　児童書から一般書へ

――それは『21世紀こども百科』を通読しただけでもよくわかります。

でもその後、児童書編集部から、今度は書籍の一般書のほうに移るわけなんですよね。

野上　いや、これにも色々と社内事情があったようなんですが、一言でいってこちらも大赤字だった。でも会社のほうは僕がずっと学年誌と児童書だったので、断わると思っていたらしい。

ところがこのセクションは『日本古典文学全集』や『日本民俗文化大系』などを編集していたので、僕としては一度いってみたいと思っていたところだったこともあり、喜んで受けた。そこのスタッフは四、五十人いたかな。

そちらに移った日にちょうど網野善彦と宮田登と大林太良の三巨頭が編集会議できていたので、面通しも兼ねて夕飯を食べにいった。そうしたら、前はどこにいたのですかと聞かれたので、学年誌と児童書ですと答えたら、いい編集部にきましたねといわれた。こんなに売れている編集部に移ってきたのは出世街道まっしぐらですねというので、驚いてしまった。

それで僕はいったの、冗談じゃないですよ。『日本民俗文化大系』も、『海と列島文化』も数億単位の赤字ですよと。そうしたら、前者は二万部も売れているのだから、大儲けでビルが建つと思っていたという言葉が返ってきた。そこで僕はきちんと説明した。編集者が五人で、刊行までに四、五年かかっている。それらをコスト計上すれば、とても採算が合っていない。だから赤字になるのだと。

ただはっきりいってよかったのは網野さんたちも儲かっているとばかり思っていたこと

が誤解だったと気づいたこと、その話を通じてそれ以後三人の先生たちと、親しくなったことですね。

―― これは『小学館の80年』を読んで知ったのですが、『日本民俗文化大系』は谷川健一の持ちこみ企画だった。「出版人に聞く」シリーズ16『三一新書の時代』で、井家上隆幸さんが同じく谷川の『日本庶民生活史料集成』が三一書房にもたらした功罪について語っていました。でも小学館にとっての「功」は毎日出版文化賞特別賞を受賞したこと、「罪」は七七年の発端から長きにわたる編集会議、八二年刊行開始、八八年完結というこれも長いプロセスを経たことで、高い人件費もあり、赤字になってしまったことが挙げられる。次の『海と列島文化』も含めると、「罪」はもっと大きくなるし、その他にも別の出版社に谷川が持ちこんだ企画は多々あるし、これからはその内容も含め、これらの民俗学資料をベースとする出版が色々と考察される時代を迎えているのかもしれません。

野上 その赤字幅のことからいえば、そうした企画は雑誌とコミックで稼いだ利益を注ぎこむことができた時代に成立したもので、もはやそうした余裕がないから、企画自体が成立しないでしょう。

―― そうですよね。でも野上さんはそれを身をもって体験した。

47 『新編日本古典文学全集』

野上　そう、移って困ったのは『新編日本古典文学全集』をどうするかだった。

――一九七〇年に出た『日本古典文学全集』はA5判でしたが、こちらは四六判でしたね。

野上　そう、最初の『日本古典文学全集』は売れたんですよ。岩波書店の『日本古典文学大系』、新潮社の『日本古典文学集成』に続いて、小学館は三番手だったけど、よく売れた。

――まだ学生も教師も研究者もこれらをよく買った時代で、正確には思い出せませんが、この三つの大系、集成、全集を題材として詠んだ短歌がありました。この歌人は研究者で、この三種類を揃えていたし、それで研究者たちは大系、集成、全集と略称して呼んでいたようです。今となってはまだのどかな時代だったというしかないのですが。

野上　それは『日本古典文学全集』の校注、現代語訳を担当した大学の教授たちも同様で、印税が十%だったから、一冊担当すると家が建つくらいだった。それでもう古くなっているし、新しいのをやりたい、夢よもう一度という含みもあり、『新編日本古典文学全集』企画のオファーが出された。前回は五一巻だったけれど、今度は八八巻になった。

これは九四年から刊行が始まり、僕が移った時には第一期四八巻の刊行途中だったけれど、編集部に元気がなかった。それもそのはずで、例によって売上とコストを計算したら、出し続ければ、年間何億もの赤字が出る。それで社長のところにいって、これ以上の赤字には耐えられないので、第二期の刊行を中止できないかと相談した。そうしたら相賀徹夫社長は全八八巻を出すと書店にも約束しているのだから止められない、それに赤字が累積したとしても、君が払うわけではないでしょうと返された。まあ、確かに社長のいうとおりでもあるので、巻数を間引くとか人件費を減らすとか色々と試みたけれど、結局のところうまくいかず、赤字続きのままで完結に至ってしまった。

――『21世紀こども百科』の一巻本の成功とその後に出されたこの『新編日本古典文学全集』のことをうかがい、九〇年代に入り、昭和円本時代の再現はもはや不可能になってしまったことがよくわかります。

実はこれも『小学館の80年』に記されていますが、『日本古典文学全集』は日本で最初の古典文学全集である有朋堂文庫を範としたとされている。この企画を出したのは小学館創業者相賀武夫の側近で、戦後の出版部長だった鈴木省三です。彼の『わが出版回顧録』（柏書房）によれば、戦後の小学館の『日本文化史大系』『日本百科大事典』なども彼の企画で、それらもまた戦前の他社のものを範としています。でもそうした企画が成立しない時代になってしまったことを告げているんでしょうね。

野上 それは小学館ばかりでなく、他社も同様で、誰にいわれたのかな、こういう堅い本は小学館でしか出せないと。こちらとしては岩波書店ではないから、びっくりしますよ。これは誤解される部分もあって、小学館の書籍担当者自身が岩波書店や学術専門書出版社に対するコンプレックスを持っていて、打ち合わせの際に、うちはコミックで儲けていますので、どんな本でもいいものでしたら出しますよといったりしてしまう。

その一方で、著者にしてみれば、専門書出版社とは異なり、小学館の場合は経費や資料にも金をかけてくれるので、半分軽く見ながらも利用しようという気がどこかにあったと思う。それがうまくクロスし、功罪のバランスが保たれているうちはよかったけれど、九〇年代に入ると、もはやそれも難しくなった。大赤字というのはそのことを象徴している。

48　鷲尾賢也と松本昌次『わたしの戦後出版史』

――なるほど、おそらく昨年亡くなった元講談社の鷲尾賢也さんも同様のジレンマを抱えていた。だから野上さんともとても親しかったし、二人で元未来社の松本昌次さんにインタビューし、それが『わたしの戦後出版史』（トランスビュー）として出された。これはお二人のよりよきコラボレーションの産物であったと思っていますが。

野上　鷲尾さんがこんなに早く亡くなってしまうとは想像もしていなかったので、確かに松本さんの『わたしの戦後出版史』は僕にとって、何よりも忘れられない仕事になりました。

――そういえば、私が鷲尾さんと初めて会ったのは講談社の『日本の歴史』の書店への企画発表会で、それこそその主たる講演が網野善彦、二番目が私だったことによっています。

たまたま当時、網野さんたちとも関係がある山中共古の『見付次第／共古日録抄』（パピルス）を編集していましたので、その際にできたら一本送りますからと網野さんに伝えたりしました。

野上　そうでしたか、それは知らなかった。先ほど僕も網野さんの名前を挙げましたが、その網野さんが小学館から出された最初の本は『蒙古襲来』でした。

――一九七三年から刊行され始めた『日本の歴史』全三十二巻のうちの第十巻ですね。

野上　そうです、六〇年代に中央公論社の『日本の歴史』がベストセラーになったことを受け、七二年に高松塚古墳で壁画が新発見されたことにも刺激され、新たな日本歴史を提出しようとする企画だった。

それから間口の広い通史として、九〇年代の集英社の『日本の歴史』、鷲尾さんの企画した二〇〇〇年代の講談社の『日本の歴史』へとつながっていく。

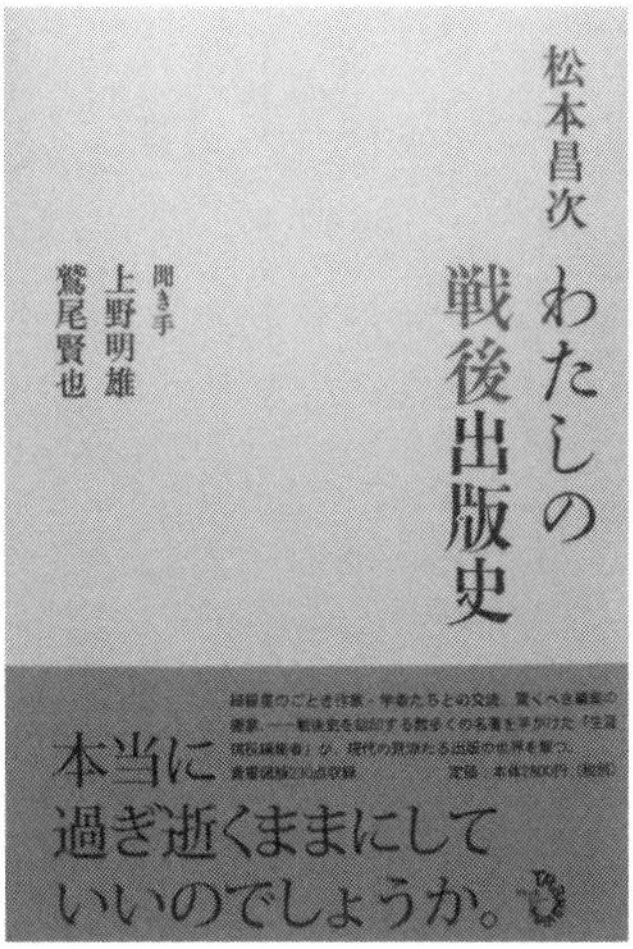

49　網野善彦『蒙古襲来』

――そのキイパーソンが網野で、「出版人に聞く」シリーズ7の『営業と経営から見た筑摩書房』においても、菊池さんが宣伝費のこともあって、網野の『日本史を読みなおす』のミリオンセラー化を仕掛けられなかったのが残念だと語っていました。

野上　あとで網野さんから聞いたのですが、あのシリーズは四百字詰五百枚だったのに、『蒙古襲来』で網野さんは九百枚書いてしまったので、三分の一くらいが本にならなかった。その生原稿が残っていて、晩年でしたけど、元気な時にこれをもう少し見直し、完本にしたいと話していた。原稿は預かっていたのだが、その後どうなったのか。中沢新一と赤坂憲雄に校閲してもらったほうがいいかなとも思ってましたが。

そのことはともかく、『蒙古襲来』から始まり、先の通史の出版の流れの中で、筑摩書房や岩波書店からの啓蒙書の刊行も含め、網野さんはスターになり、いわば天皇的権威にもなった。そのカリスマ性がピークに達したのは講談社の『日本の歴史』で、網野門下生が総結集したかたちになった。鷲尾さんにしてみれば、人気絶頂の網野史学を講談社の企画へと取りこもうとしたともいえるんじゃないかな。

―― でも一方で、網野史学への批判も多々あり、それは彼の著書を出している出版社内においても同様だと仄聞していますが。

野上 実証史学、基本的史学の伝統からいえば、あり得ない仮説、傍流にしか位置づけられない仮説のように思っていた研究者も多い。それもあって、亡くなってからさらに批判されるようになった。中沢さんや赤坂さんは、それを阻止しようと考えたんじゃないかな。

でも出版社にしてみれば、網野さんという新しい歴史家の出現によって、本が売れて儲けさせてもらったこともあり、公然と批判はできない。ただそこには専門書出版社ではなく、コミックを出している小学館が『蒙古襲来』で先鞭をつけたということは評価されていい。だから批判するという一面もあったのかな。

―― 確かにそれもあるでしょうね。アカデミズムの世界もヘゲモニー争いはつきものだし、世間の偏見と変わらない狭量なところがありますから。私もそれを民俗学絡みで経験しています。

50　文芸編集部の立ち上げ、松岡圭祐、嶽本野ばら

野上　でも僕はそれらの編集には関わっていないし、『新編日本古典文学全集』の続刊を出し続けながら一方で、文芸編集部というのを立ち上げることになった。それは小学館が文芸をやっていなかったことに起因している。

――それは『昭和文学全集』なんかも絡んでいるのですか。

野上　いや、『昭和文学全集』はすでに終わっていました。ただその流れで作家別作家論みたいなものを出していましたが。

――「群像日本の作家」シリーズですか。

野上　ええ、それです。

――そのうちの一冊『村上春樹』がここにありますが、確かに奥付発行者は上野明雄となっていますね。これは売れたのですか。

野上　小説ならともかく、作家論は売れません。それで小銭を稼ぐために新書スタイルのセミハードのものを出したりしていましたが、こちらも売れなかった。

ところがそうこうしているうちに、松岡圭祐の小説『催眠』が持ちこまれ、これがすごく売れ、映画化された。続く『千里眼』も松竹で映画化になり、これは黒木瞳も出て、製作費が二億円もかかり、小学館プロダクションの一億円を始めとして金を色々と集めたけれど、ヒットしなかった。でも最終的にはビデオが売れたことで、赤字にはならなかったようです。ただ本のほうは売れたので、映画化の影響も大きかったと思う。

—— 本も映画も知っていましたが、野上さんが関係していたとはまったく想像もしておりませんでした。

野上 僕もあまりこれらのことについては話していませんからね。そこら辺をもう少し話してみましょう。

実は嶽本野ばらの『ミシン』も僕のところから出している。彼は『鱗姫』という原稿を若い編集者に預けていて、それを読んでみたら、長野まゆみのデビュー作『少年アリス』みたいなセンスを感じたので、これならある程度いけるんじゃないかと思った。そうしたら担当者が、もう一編『ミシン』というのもあるから、こちらを先に出したほうがいいと言うので、『ミシン』を出したところ、三万部まで売れた。こういった文芸書を出したことがなかったこともあり、新鮮な感じだった。

――それも知りませんでした。やはり小学館から出され、同じように映画化された嶽本の『下妻物語』について、私は一編書いていますが、嶽本のような作品がどのようにして、単発で出てくるのかわからないところがありました。コバルト文庫なんかで刊行されれば、納得したのかもしれませんが、小学館の単行本というのがよくわからなかった。

野上 それは担当者の功績だね。『鱗姫』は長野まゆみ的な感性が魅力的だから行けると思うと指摘すると、彼はいきなりこれではきついから、『ミシン』にするといったので、その判断にまかせたわけです。

この担当者は辞典編集部にいた男で、本来は文芸書志望だった。元は岩手県の高校の先生だったけれど、彼女が東京にいるので一緒に住みたいから上京し、それで小学館に中途入社したいと面接のときに言ったのが印象的で、文芸に対する熱意がすごかった。それもあってかなり自由にまかせていた。

そうしたら『催眠』をぶつけてきたし、いくつか成功した。そして『ミシン』も出てきた。ところが装丁に関して、一枚の写真にタイトルを小さく入れたことで、販売は大反対だし、初版刷り部数にしてもまったく認めてくれない。僕は面白いと思っていたから、出したらいいよと支持した。その代わり、都内の目ぼしい書店を全部回り、営業してこいといった。小学館の営業は都内の書店もあまり回っていない。だから編集者がいけば、とても喜んでくれるし、出た時にいい場所に平積みしてくれる。それで『ミシン』もかなり売れた。小説の場合、とにかく担当者に書店を回らせ、自分でポップをつくり、編集者の販促を活発に行った。それが書店での著者のサイン会につながり、初めてではあるけれど、嶽本野ばらも喜ぶし、ファンもできていき、読書層をつかみ、『下妻物語』のヒットや映画化にもつながったわけです。

――なるほど、そういう仕掛けがあったんですか。

51　片山恭一『世界の中心で、愛をさけぶ』

野上　ミリオンセラーになった片山恭一の『世界の中心で、愛をさけぶ』のことも話しておいたほうがいいよね。

――ええ、ぜひお願いします。

野上　松岡と嶽本で、文芸編集部もそれなりに売れてきたけれど、スタッフは一人しかいない。それでもう一人石川和男という編集者が来た。彼は時事通信社出身で、女性セブン編集部にいたのだが、雑誌よりも書籍をやりたいとの意向だった。それできてもらった。

手始めにたまっている原稿を端から読んでもらい、いいのがあったら、出すように進めていいよといっておいた。そこで彼は『世界の中心で、愛をさけぶ』の原稿を読んだ。これはすでに僕も少しばかり目を通していたが、ちょっと本にはならないなという感じだった。ところが彼が読んだら、涙が出たというんだよ。それでこれは絶対に本にしたい、僕にももう一度よく読んでくれといってきた。そこで読んでみたら、現代版『愛と死を見つめて』だし、ジュニア小説に近いし、こういうご時世だから二万部くらいいくんじゃないかと思い、出すことにした。

最初のタイトルは確か『恋するソクラテス』とかいったものだった。ところがこれでは売れないと石川がいい、僕がいいタイトルがあるかと聞いたら、『世界の中心で、愛をさけぶ』にしたいといった。でもそれはアニメの『新世紀エヴァンゲリオン』の宣伝コピーのパクリで、角川文庫の夏のキャプションでも使われていた。それにこれもハーラン・エリスンのSF小説『世界の中心で愛を叫んだけもの』（ハヤカワ文庫）からとられている。だからそれをまた使うのはみっともないし、ちょっと嫌だなと思ったけれど、著者が最終的にOKすれば、それでもかまわないと判断した。そうしたら、そのタイトルで著者もOKだった。この作品は最初他社に持ちこまれたが、結局のところ本にならず、それで小学館へと回ってきたが、それでも寝ていた。それを石川くんが発掘したことになる。

――それでコミック、映画化もされ、ミリオンセラーになるわけだから、彼はこういうご時世の名編集者、名コピーライターといっていいのかもしれない。『恋するソクラテス』ではちょっと無理だったでしょうから。

でも私が気になるのは著者の片山恭一は以前に吉本隆明の『試行』の投稿者で、それはエマニュエル・レヴィナスやジャック・デリダに関する論考だった。『恋するソクラテス』というタイトルはその投影でしょうし、詳細に読めば、レヴィナスやデリダに関することもメタファーとして書きこまれているかもしれませんが、何でこんなふうに、野上さんがいみじくもいわれたように、現代版『愛と死を見つめて』的なジュニア小説になってしまうのかわからない。ましてそれが『世界の中心で、愛をさけぶ』になってしまうと、ブラックユーモアみたいな感じもするわけです。

野上 片山さんが『試行』に投稿していたのは全く知らなかった。いずれにせよ、そういうご時世を迎えていて、後発の小学館の文芸編集部の独特のタイトルのつけ方、売り方が時代と合致していたということになるでしょうね。

――それはよくわかります。ところでその売り方に関して、野上さんは編集者に書店回りを積極的にするように勧めたわけですが、それは自らの経験に基づいているのですか。

52　翻訳絵本と児童書専門店

野上　そうです。小学館の児童書の場合、オリジナルの翻訳絵本はほとんど出していなかったけれど、ミック・インクペンの『あおいふうせん』やレイモンド・ブリッグスの『THE BEAR くまさん』という大型絵本を角野栄子訳で出した。

その時に児童書専門店メリーゴーランドの増田さんから同様な専門店が全国にあり、クレヨンハウスも中心になっていると聞いたので、それらの専門店にファックスで新刊案内を送った。そうしたら相当の注文部数が寄せられてきた。ところが取次はトーハンや日販ではなく、栗田や太洋社などが主たる取次だった。それまで児童書の新刊案内をそうした専門店に出したことがなかった。つまり小学館にしても大手取次にしても、確実に売れるそうした専門店に目を向けていなかったことになる。それは大手書店の児童書売場もそうじゃないかと思って、三省堂に営業にいってみたら、すごく喜んでくれて、六階の児童書担当者が新刊をいいところに平積みし、売ってくれるようになった。そんなわけで、『くまさん』はメリーゴーランドだけでもクリスマス用に百冊ぐらい売ってくれたし、専門店だけで何千部も売れたんじゃないかな。

――それは九〇年代ですか。

野上　『くまさん』を出したのは九四年だったから、そうですね。

――その頃は児童書専門店が全国に四十店ほどあり、そうした販売促進が可能でしたが、現在の専門店状況はどうなっているんでしょうか。

野上　こちらもまた時代状況が変わってしまい、苦戦しているんじゃないかと思いますが、それぞれ地域の読書グループなどとしっかりと組んで、ユニークな企画や売り方をしています。児童書にとっては、たよりになる書店です。翻訳絵本では、いまや五〇〇万部を超えるベストセラーになっている『ミッケ』という本があります。

『ミッケ!』の原本は『I・SPY』というタイトルで、おもちゃがいっぱいある中から指示された物を探す仕掛けになっている一種のゲーム絵本です。この原書をボローニャのブックフェアで最初に見た時、学年誌にいた経験から、これは絶対に売れるなと思った。それでアドバンスを聞いたところ、三千ドルだというので、その場で契約してしまった。児童書出版社は写真絵本なんて売れると思っていないこともあって、どこも関心を示さず、競合にもならなかった。その文章も短いので、『小学一年生』の時に詩の連載をしてもらった糸井重里さんにその翻訳を頼むと、「これって隠れんぼのときのミッケじゃん」といった。それで『ミッケ！』というタイトルに決め、今まで売れているロングセラーになった。

そういった児童書専門店に関する経験があったので、文芸編集部においてもそれが生かされ、反映されたといえるでしょうね。書籍の場合は大学生協を中心に発売前にファックスで注文を取りましたが、そのうちの数百店は積極的に売ってくれたから、追加注文なども優先するようなかたちをとっていた。それで僕は書店回りをするようにといっていたわけです。

――このインタビューで最初に採集遊びの話をしましたが、書店営業というのも注文を結びつければ、採集みたいなところもありますから、野上さんはそれを忘れず、敏感に反応したんじゃないかとも察せられますね。

53　小学館クリエイティブ設立と『正チャンの冒険』復刻

野上　そこまで考えてはいなかったけれど、その後のことをたどってみると、自分の身についた習性とまったく関係ないとはいい切れない。『世界の中心で、愛をさけぶ』が出た後で役員になって、小学館の関連プロダクションとして、百科事典の地図や図鑑などを手がける表現研究所、同じく美術や美術書を担当する一橋美術センター、校閲部門の三友社の三つの社長も兼ねることになった。会社の意向としては五年ぐらいかけていいから、ひとつに統合してほしいとのことだった。

そこでかえって五年がかりでやるのは煩わしいと思い、すぐに統合することにした。それぞれオフィスが別のところにあったのだが、ひとつのビルに入れ、翌年には小学館クリエイティブとして統合し、その中に地図、美術書、校閲のセクションを配置することにした。

――小学館クリエイティブはコミック復刻が主たる目的で設立されたと思っていましたが、そうではなかったんですね。

野上　いやまったく違います。設立からほどなくしてコミック復刻を手がけることになったのは織田小星、樺島勝一の『正チャンの冒険』がきっかけだった。

――私もこの『正チャンの冒険』の復刻を題材にして、ブログに書いたことがありましたが、これが最初だとは思いませんでした。

野上　それには事情があって、逓信博物館で『正チャンの冒険』の展覧会をやることになり、それに合わせて本を出したいということで、小学館の編集者に話が持ちこまれた。それで編集者が企画を出したところ、こんなものを今買う人はいないとまったく相手にされなかった。そして僕のところにきて、どう思いますかというので、何で出さないのか、それなら僕のところで出すよといったわけですよ。発行と編集は小学館クリエイティブ、発売は小学館にお願いした。

まったく売れるはずもないといわれていたものを最初の本として出すのだから、とにかくメディアを使ったパブリシティが必要だ。それで『正チャンの冒険』は『アサヒグラフ』に連載されたものだから、とりあえず『朝日新聞』にコンタクトをとり、文化部と「天声人語」の担当者のところへいってみた。すると「天声人語」の担当者の部屋の入口は全部梱包したままの本で埋まっていて、踏んづけていかないと入れないほどだった。ちょうど本人がいなかったので、デスクの上に『正チャンの冒険』を置いて、大きな紙に日本の最初の漫画で、こういう本ですと書き残してきた。

そうしたら、たまたまネタがなかったこともあったのか、「天声人語」に書いてくれた。グッドタイミングというのはあるもので、文化面でもちょうど漫画オタクがいて紹介してくれたし、読売、毎日、日経もそれぞれ日をずらし、紹介したり記事にしてくれた。それもあってかなり売れ、重版もした。それでコミックの復刻版というのも芽があるなと思った。

54 『影』と『街』の復刻

――その新聞のグッドタイミングと野上さんの判断に感謝しなければなりませんね。ちょっと大げさなことをいいますと、小学館クリエイティブのコミック復刻は近代文学館

とほるぷによる近代文学の初版復刻に当たるものだと思っていますから。例えば、貸本の『影』や『街』は復刻されなければ、見ることも読むこともできなかったでしょう。

野上　それはほめすぎですよ。

――　いやいや、田舎の駄菓子屋を兼ねた貸本で読んだ『影』や『街』をもう一度手にするとは思いもよりませんでしたから。復刻を読んでいるうちに、六〇年代初めの駄菓子屋の店頭の風景が浮かんでくるようでした。それは私だけの体験ではないはずで、なかなかそのような記憶を喚起させる本は少ないですから。

野上　まあ、復刻の役割と機能はそんなところもあるし、再読すること以上にそちらのほうが重要かもしれない。

話を元に戻すと、それで僕も色々と調べた。すると松本零士が多くを収集していることを知った。

――かつてブロンズ社から『漫画大博物館』を出していましたものね。

野上　あれは一冊持っていたけれど、あらためて古本屋で探してもなかなかない。あったとしても古書価は一万円ぐらいしていた。そこで松本さんと共著者の日高敏さんと色々話し合った結果として、完全版といえる『漫画大博物館』を小学館クリエイティブから出すことができた。

55　『火星探険』『汽車旅行』を始めつぎつぎと復刻

――それで売れたんですよね。

野上　売れました。それでも松本さんや日高さんは印税をいらないという。だったらその印税分を使って発刊記念パーティをやろうということになった。松本さんを中心に、漫画家とその関係者を集め、銀座の東芝ビルの上の百人ぐらい入るクルーズクルーズというところに、作品を掲載させてもらった漫画家や、評論家を呼んだ。藤子不二雄Ⓐさん、や

なせたかしさん、上田トシコさんを始めとして、錚々たる漫画家、漫画評論家の皆さんが一堂に会する盛大なパーティになった。

それが復刻のお披露目みたいになり、あれも出してくれ、これも出してほしいという話が出て、本格的に復刻版を出していくことになったわけです。これも、『正チャンの冒険』がきっかけになって、復刻に打ち込んでくれた編集者が一人いたからなんです。

大城のぼるの『火星探険』『汽車旅行』『愉快な鉄工所』、手塚治虫『新宝島』、武内つなよし『赤銅鈴之助』、白土三平『こがらし剣士』、それから松本零士や楳図かずおの作品もシリーズで復刻した。

――少女漫画も山田えいじ『ペスよおをふ

れ』、牧美也子『マキの口笛』、高橋真琴『パリ〜東京』、花村えい子『霧のなかの少女』などを出されていますね。

野上　はっきりいってしまうけど、少女漫画は復刻しても売れない。どうしてなのか、やはり女性のほうが現実密着型だから駄目なのか、そこら辺がよくわかりませんが、でも少年漫画でも、阪本牙城の『タンク・タンクロー』は売れなかったですね。

――そうですか。それが従来のマニア向けセット復刻と異なる単品復刻の難しさであるのかもしれない。

野上　手に入らないのでほしいという声をコアにして復刻していったわけですが、そこら辺の見極めが難しいものだと小学館クリエイティブを五年やって思いました。

――そんなに長くやられたんですか。

野上　小学館の役員を三期六年、関連会社小学館クリエイティブの社長を五年、役員定年は六十五歳だからもう一期やれといわれたけど、もう自分のことに専念したいと思った。最初は一期で引退するつもりでいたが、小学館クリエイティブを立ち上げてしまったので、辞めるに辞められず、とにかく軌道に乗るまではといっていたら五年が過ぎてしまい、役員任期を一年に変え、辞めさせてもらうことにした。

第Ⅵ部

56　児童文学者、研究者としての野上暁

――そこで小学館の上野明雄は退場し、児童文学者、研究者としての野上暁というもののひとつのフィールドへと出ていくことになるわけですが、その最初のいきさつというのはどういうものなんでしょうか。

野上　まず僕は会社に入ったら、組合運動には一切タッチしないという固い決意をしていた。前にもいったけれど、三年ぐらいで金をためて辞め、大学院にいこうと思い、できるだけ会社に深入りせずに仕事をして、早く帰ろうと考えていた。ところが組合員大会というのがあって、会社側の人間や編集長クラスの人たちの発言を聞いていたら、腹立たしくなり、新入社員なのに生意気にも発言しちゃった。それから深みにはまりこんでいくことになった。

その僕の発言は編集長クラスの人たちに対する反論だったわけだけど、後に組合の連中が押しかけてきた。つまりオルグにきた。それでずっと断わっていたが、結局のところ、当時出版労協の活動者合宿みたいなところにいかざるをえないようになった。それはもち

ろん泊まりこみだったから、夜の飲み会があり、みんなで飲んでいると、岩波書店の編集者が隣りにきて、小学館の学年誌は漫画とか怪獣といったろくでもないものを載せている、ああいったものは組合でストライキをして出さないようにするべきだ、小学館はひどい会社だからな。それに比べ岩波の『世界』は社会的に意義のある雑誌だから、ストライキで止められないが、小学館みたいな会社はストライキを行使し、学年誌を止めてやってもいいんだというので、僕もかちんときてしまった。

さらに続けて、どうしておまえたちは児童文学に挑もうとしないんだという。それでそんなことをいわれる筋合いではないと言い返したところが児童文学といわれても、それがどんなものかわからないし、一緒に飲んでいた連中の大半もそうだった。それでとにかく腹が立つので何か読んでみようと思ったら、上野瞭の『戦後児童文学論』（理論社）が出たばかりだった。その中に文学者の戦争責任の問題、戦後の主体性論争の問題などが論じられ、山中恒、古田足日、今江祥智、佐野美津男といった人たちの作品が取り上げられていた。

―― 上野の『戦後児童文学論』は一九六七年に初版、七七年に第二刷が出ていますので、六〇年代から七〇年代にかけての児童文学状況は、そこに示された見取図、及び岩波書店の編集者の発言に表出している岩波の児童書圏と学年誌に代表される小学館の児童書群のせめぎ合いの地点にあったと見ることもできる。

野上 それが五〇年代からの児童文学の流れだったともいえる。もっともそのことも『戦後児童文学論』を読んで知ったことですが。これをきっかけにして、紹介されていた作品を全部読んでしまった。といっても一番多い山中が十冊近くあったけれど、今江は五冊、古田は三冊、佐野は二、三冊しかなかったので、たいした冊数ではなかった。だからあっという間に読んでしまったのだが、いずれもけっこう面白かった。

その一方で、円谷プロと関係もでき、高山英男さんの子ども調査研究所ともつながっていく。今になって考えると、子ども調査研究所は所長の高山さんが共産党をパージされた後で始めたところだから、反代々木の根城でもあったことになる。そこには佐野美津男、山中恒、手塚治虫、石森章太郎がその理事みたいなかたちで入っていた。

57 子ども調査研究所、斎藤次郎、山中恒

―― それで『小学一年生』の童話連載の編集委員との関係、漫画との接点もできて

いったわけですね。

野上　そういうことで、斎藤次郎さんとも出会っている。

――　野上さんの最初の本は一九七九年の『おもちゃと遊び』で、これは現代書館の「子どもの文化叢書」の一冊として出されている。このシリーズには斎藤の『子ども漫画の世界』や名取弘文の『学校と子ども』も含まれているので、子ども調査研究所が媒介となって出されたと考えていいんでしょうか。

野上　まさにそうですが、斎藤さんとのつき合いには余談があって、「出版人に聞く」シリーズ10の『薔薇十字社とその軌跡』で、内藤三津子さんが『話の特集』の矢崎泰久のところで出していた『若い女性』の編集に関わっていたことを語っていた。その『若い女性』の取材に同行したり編集協力もした。

ちょうど弟が学生で、東工大の全共闘的立場にいたから、そのインタビューとか書評なども書いたし、次郎さんとのつきあいから、漫画の世界にも深入りしていった。

その流れで次郎さんに大衆文化研究会という勉強会に誘われたことで、虫プロにいたアニメの世界では著名な丸山正雄さんというアニメーターとも知り合った。また現代子どもセンターの理事だった佐野美津男さんや、彼と『児童図書館』という小冊子を出していた山中恒さんなどとも親しくなる。佐野さんは『児童図書館』の編集委員でもあり、この雑誌は新聞と書評を兼ねていたもので、山中さんが当時の稼ぎ頭だったから、資金の大半を出していたんじゃないかな。

――『児童図書館』という雑誌は初めて聞きますが。

野上 これには前史があって、山中さんは六〇年安保をめぐる政治的な立場のちがいから日本児童文学者協会を退会し、六八年に佐野さんたちと新たな児童文学者集団として六月新社を結成している。その機関誌が『児童図書館』で、四十号ぐらいまで出たと思う。

子ども調査研究所がらみで、三一書房の畠山滋さんも紹介される。彼はその前に教科書会社にいて、高山さんと知り合ったはずです。確か高山さんも暁教育図書という教科書会社に勤めていたことがあるので、そこからつながり、畠山さんが三一書房に移ってから、多くの教育関係書を手がけていくのはそうした人脈に起因しているのでしょう。反代々木系の児童文学と教育学の流れが合流している。

―― またしてもここでみんなつながってしまう。佐野の処女作『浮浪者の栄光』は三一新書として出されていますが、この編集者はやはり「出版人に聞く」シリーズ16の『三一新書の時代』の井家上隆幸さんですから。

野上　僕のほうも、それまで学年誌では考えられなかったのだけど、高山さんに教育相談、斎藤さんにもときどき執筆を依頼し、佐野さんには童話を、山中さんには度々連載を頼んだりして、編集者の仕事と児童文学への注視がこれもまたつながっていくことになります。

58　一九七九年『おもちゃと遊び』の刊行

――だから上野明雄という編集者のかたわらで、児童文学や子ども学研究者としての野上暁名義によって、まず一九七九年に『おもちゃと遊び』が出され、九八年には『〝子ども〟というリアル』『日本児童文学の現代へ』（いずれもパロル舎）が刊行されていったのですね。

野上　そういった二足の草鞋を履いていたこともあって、小学館を辞めたのを見計らったように、児童文学に関する仕事が持ちこまれてきた。そのひとつが偕成社の『おはなし十二か月』で、高学年から朝の読書で毎日読めるようなアンソロジーの依頼だったので、それなら春夏秋冬にしようということになった。でも児童文学だけでは物足りないので、

色々な作品を入れ、村上春樹なんかも収録した。これは結構売れているようで、毎年重版している。

ただ僕としては幼年ものをやりたいと思っていたところ、『子ども学の源流へ』を出した大月書店で、それが実現することになった。

――「考える絵本」シリーズですね。

野上 「考える絵本」は、谷川俊太郎さんの『死』、香川リカさんの『こころ』、河合雅雄さんの『人間』、日比野克彦さんの『美』、落合恵子さんの『愛』など一〇冊で企画した〝子ども向けの哲学〟を目ざした絵本でしたが、最終巻に予定していた中沢新一さんの『神』が、ついに刊行できず、版元と読者に迷惑をかけてしまった。その後に「はじめてよむ童話集」シリーズをこちらも五冊編んだ。『わらっちゃう話』『どきどきする話』『すこしかなしい話』とかで、幼年童

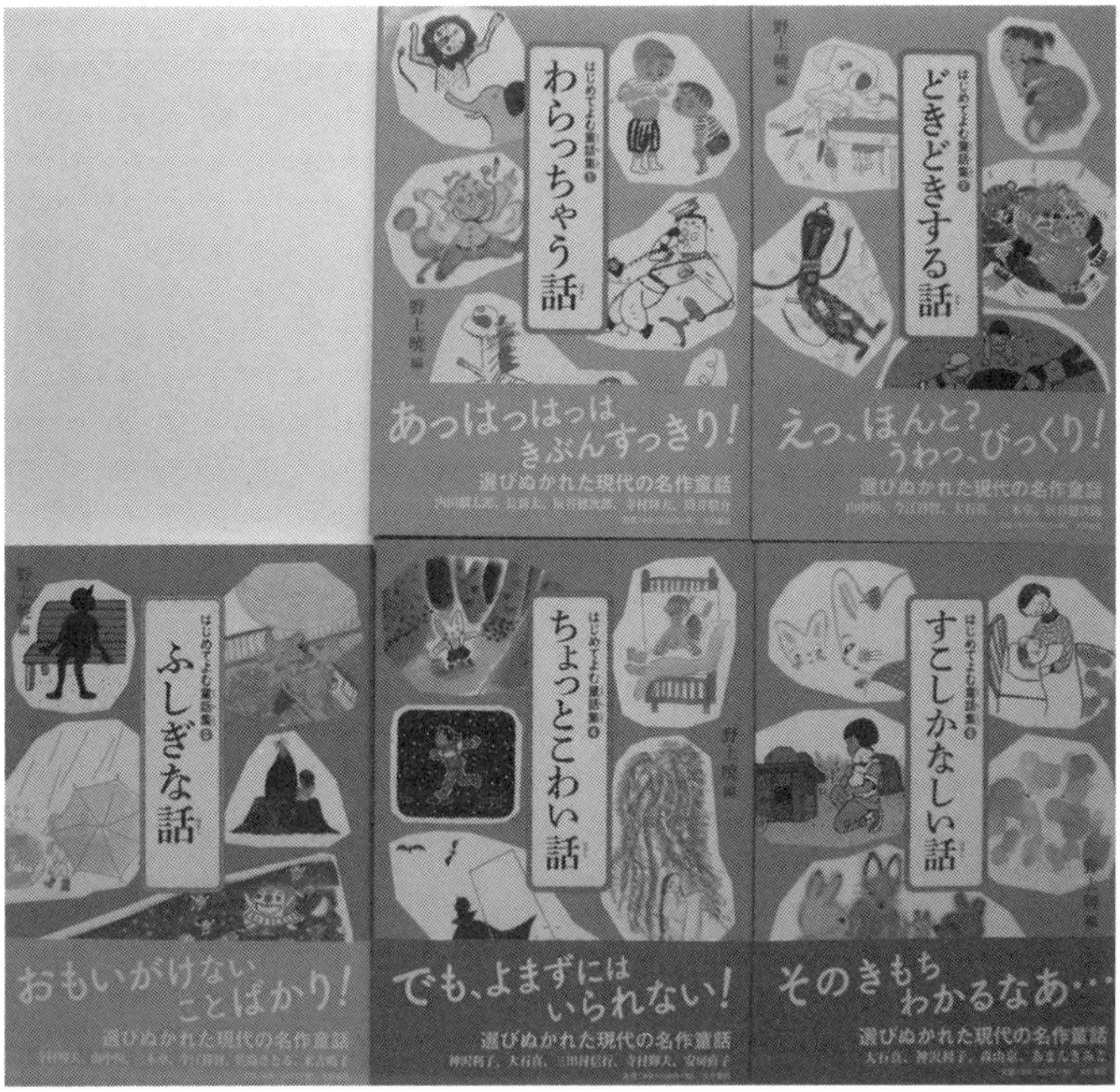

話ばかりです。これらは『小学一年生』に書いてもらったものが多く、ずっとまとめられていなかったこともあって、本として残しておきたいと思ったこともモチーフになっている。

――それらも野上さんの編集者としての集大成のようなところもあり、重要な仕事だと思っていますが、やはり最も論じてほしいのは戦後の児童文学に関してですね。私も戦前の児童書出版について、少しばかり言及していますが、不明なことだらけです。でもこれらの問題は近代文学史とも不可分だと考えています。

59　戦後児童文学史再考

野上　僕も上野瞭じゃないけれど、戦後児童文学史については再考したいと思っています。基本的見取図は『日本児童文学の現代へ』で提出しておきましたが、現在の児童書のインフラとして書店以上の役割を占めるようになった図書館において、それらがはっきり認識されているかどうか疑わしい。

――そこら辺の問題というのはまったく認識されていないのが現状でしょうね。例えば、児童書の読み聞かせ運動みたいなことをやっている人たちが多くいるけれど、児童文学史のことなんか何も知らないいんじゃないかな。

野上　「読み聞かせ」という言葉自体が、なんとなく押しつけがましくて嫌ですね。子どもたちに対して啓蒙的なイメージを与え、入りやすいし、何かいいことをしているみたいなところがあってそれも嫌。

それで全国的に通用する資格なんかを与えたりして、そういう読書運動系の人たちはそれを名刺に刷りこんだり、地方の著名人になったりする。

——そういうことで、これだけ公共図書館が全国的に普及すると、必ずそういう人たちの需要があり、仕事として成立してしまう。

野上　僕は知らないけれど、本当にそうした著名人がいっぱいいますよ。でもそうした人たちが児童書の権威になったりするのはちょっと危ない。

——かつての悪書追放運動の裏返しみたいなイメージがありますからね。

野上　その意味でも戦後児童文学史を学ぶ必要があると思いますよ。

戦後において、子どもの文学、児童文学の立ち直りも早く、一九四六年に日本児童文学者協会が創立され、その機関紙として『日本児童文学』も創刊となり、戦後の最も有力な児童文学者団体になっていくわけです。

それでまずやり始めたのは児童文学者の戦争責任問題で、その中心になったのが関英雄らの、戦中の少国民文化協会で活躍していた人たちだった。

――新日本文学会によった小田切秀雄たちの戦争責任論と連鎖している。

野上　そういうことで、関のほうがやりたかったのは戦争責任を大衆児童文学者に負わせることだった。最初は「児童文学者協会」で、「日本」が付されたのは五八年であるし、この命名は小川未明によっていて、初代会長も未明だった。いちばん戦争協力をしたのは未明なんだけれど、近代日本児童文学史における巨大な役割を考えると、外すことはできないし、会長にすえるしかなかったんでしょうね。これは後に佐野美津男から聞いたのだが、協会を立ち上げた未明以外の全員が共産党に集団入党した。それを未明だけが知らなくて、判明した時にはすごく怒ったという。元々党員だった人もいるので、まったくの事実とはいえないんでしょうがね。

60　児童文学者の戦争責任問題

――それでは最初から児童文学者の戦争責任の追及自体が矛盾していることになりますね。

野上　そうなの、児童文学者の戦争責任などと言い始めても、戦時中に人気があった坪田譲治や小川未明は早稲田系だし、文壇ともつながりがあるので、協会から外せない。それで講談社や小学館で大衆児童文学を書いていた福田清人や後藤楢根たちを戦犯児童文学者として糾弾しようとした。

しかし結局のところ、考えてみたら全員が日本少国民文化協会のメンバーで、そこでかなり活躍し、機関誌『少国民文化』に戦争協力について色んなことを書いている。だから戦争責任云々はみんなが天に唾するみたいなもので、次第に立ち消えになってしまった。

――　戦中下における日本少国民文化協会を中心にして、児童は少国民、児童文学も少国民文学へと強制的に変えられていったわけですが、この実態を山中恒が『ボクラ少国民』シリーズや『〔図説〕戦争の中の子どもたち』（河出書房新社）『戦時児童文学論』（大月書店）などでずっと追求している。

野上さんはそのうちの漫画の問題に注視していますよね。

野上　日本少国民文化協会の設立の中心にいたのが佐伯郁郎という内務省情報局の官僚です。彼によって戦時中の児童文学や児童文化統制が行われたといっても過言ではない。これは協会設立以前の三八年のことですが、「児童読物改善ニ関スル指示要綱」なるものが出されている。これは赤本漫画と俗悪な子どもの読み物、紙が悪い読み物を排除し、いい本と良書だけを子どもたちに読ませようとする意図の下に出されたのだが、何を狙ったかというと、漫画を撃退することなんです。それに合わせ、目が悪くなるからルビを禁止し、大衆的な雑誌と読み物に付きものの広告や予告や付録を排除する方向にもっていく。

その一方で、佐伯は詩人の小熊秀雄を中村書店に入れる。そして小熊は旭太郎の名義で大城のぼるの『火星探険』の原作を書く。それはきちんとした科学的視点に立った漫画を出すべきだという佐伯の意図が投影されていると見ていい。

61　中村書店の漫画

―― 私もブログで「小熊秀雄（旭太郎）と中村書店」などを書いていますが、そこに佐伯が介在していたとはまったく知りませんでした。『子どもの昭和史　昭和十年―二十年』（「別冊太陽」、平凡社）にまとまって「ナカムラマンガライブラリー」が紹介されていて、その美しい箱入漫画を見ることができる。一見してわかるように、中村書店の漫画が当時の出版状況の中で、内容や装丁も含め、突出したレベルにあったのは佐伯などがバックアップしていたことに求められるのかもしれませんね。

野上　佐伯は早大仏文科を出た詩人でもあったことから、小熊とも知り合っていたんでしょうね。

小学館クリエイティブで復刻した中村書店の『火星探険』は一九四〇年に出ているのだけど、四一年から四三年にかけて、創作児童文学と見なしていい本が二、三百冊レベルで出され始めている。ただ四四年になると、ほとんど紙の調達ができなくなって点数は落ちていく。でもそれまで児童読み物はともかく、創作児童文学の本はそんなに出ていなかった。それで新人作家が多くデビューしてきたことを物語っているし、その中には関英雄や岡本良雄もいて、彼らが戦後の児童文学の中心になるわけです。

――かなりねじれていますね。彼らはまた内務省情報局や佐伯たちの方針の落とし子といった存在にも位置づけられるし。

私も戦時下の出版のことは調べているのですが、詳細はわからない。一例を挙げますと、やはり四〇年代前半に大判の画集や写真集や専門書が数多く出版されている。当時は書店でそのような大判の本を置く棚は限られていたはずで、助成金目当ての出版だったとも考えられるのです。

その不明な点は戦後の占領下も同様で、根本正義の労作『占領下の文壇作家と児童文学』（高文堂出版社）も出されていますが、全体からすれば、氷山の一角でしょう。

62　戦後の児童書と児童雑誌の出版

野上　戦後は日本の内務省ならぬＧＨＱがバックアップして児童書が出されるようになった。また児童雑誌にしても同様で、ＧＨＱがかなり優遇し、日本の民主教育のために率先して出させたともいわれている。

それもあってか、戦後は子ども雑誌が百誌以上創刊されている。主だったものを挙げてみると、実業之日本社が『赤とんぼ』、新世界社が『子供の広場』、新潮社が『銀河』、尾崎書房が『きりん』、中央公論社が『少年少女』を創刊している。その中でも新世界社と『子供の広場』には小佐野賢治から金が出ていたともいわれている。

――またこちらもその一方で、出版社は乱立というほど設立され、戦時中の国策取次日配が解体され、戦後の取次がスタートしていき、日本少国民文化協会と関係が深かった東光出版社などは消えていく。それは児童書でいえば、円本時代に『日本児童文庫』を出

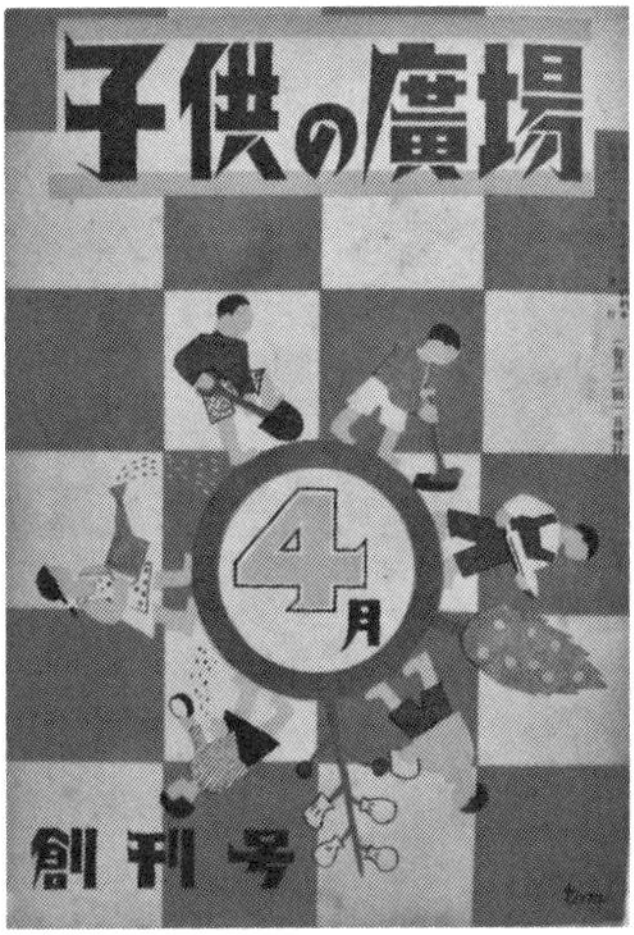

し、文芸春秋社と興文社の『小学生全集』と訴訟にまで至ったアルスも同様です。私の推測では戦時下の出版に起因している。

野上　ちょっと話が飛んでしまうけれど、アルスの『日本児童文庫』ではなく、『小学生全集』のほうを、僕は文春の八十周年記念に復刻したらいいのではないかという話をしたことがあった。そうしたら、誰も本気に受け取らなかった。でも『小学生全集』に関しても、著者や訳者を含めてすべてが解明されているとはいえない。

この『小学生全集』を読んで児童文学作家になった人がたくさんいます。山中恒や佐藤さとるなども典型です。それに加えて、今度出た尾崎真理子の『ひみつの王国―評伝石井桃子』

（新潮社）を読んでいたら、菊池寛が石井たちを文春に入れ、彼女たちに海外小説を翻訳させ、自分の小説のネタにしたことなどが書かれていて、『小学生全集』も同じだと見なしているので、文春の人たちはそれを評価していないのだとわかった。でも僕にしてみれば、逆に『小学生全集』で石井桃子と山中恒などの僕たちの時代の児童文学者が結びつくのが面白いと思った。

――『小学生全集』だけでなく、円本時代の全集物はすべて謎が解かれているというわけではありません。近代日本の出版物は流通販売システムの問題もあって、出すことに集中し、その後のフォローや研究もほとんどなされていないので、もはや著者や訳者も含めた実態を知ることは困難でしょうね。それは文春ですらも全出版目録が出されていないことにも象徴されている。

63　『赤い鳥』と鈴木三重吉代作問題

野上　児童文学の分野に限っても、それらのことをいえばきりがない。

例えば、『赤い鳥』の場合、鈴木三重吉がたくさん童話を書いたことは知られているが、実際はどうなのか、よくわかっていない。三重吉が書いたとされているけれど、実はそうではないものもかなりあるはずだ。『鈴木三重吉全集』（岩波書店）や『鈴木三重吉童話集』（冨山房）も出ているが、これらは戦前に編集されたもので、そうした研究は進んでいない。

三重吉の場合は著名作家の名前だけ借りて代作することが多く、小宮豊隆が芥川龍之介に

送った手紙の中で、三重吉が今月は七本書いたといっているが、それはやり過ぎだと書いている。

それに関して、ちょっとひどい例を挙げると、谷崎潤一郎も『赤い鳥』に二作書いている。これらは中央公論社の『谷崎潤一郎全集』に収録されていたが、タイトル違いで『鈴木三重吉全集』にも入っている。それで谷崎の全集の編集者だった綱淵謙錠が三重吉の書生をしていた小島政二郎に問い合わせたところ、二作とも谷崎でも三重吉でもなく、自分のアイデアでもう一人の書生が書いたものだと証言した。

——そうした代作問題は量産作家、著者の全集に必ずつきまとっていますからね。翻訳も含めれば、さらにきりがない。

野上 我々だってリライトして、名前をもらって出していたこともあったわけだし。戦後のことだけれど、宇野浩二の童話や児童文学を水上勉が代作したという話も聞いた。

——児童書のリライト、代作といえば、戦後の江戸川乱歩が有名で、ポプラ社の全集も氷川瓏や武田武彦がリライトしていたと伝えられている。ルパンやホームズの翻訳は南洋一郎や山中峯太郎がリライトしている。

64 「少年文学の旗の下に」とその反響

野上 そう、リライト、もしくは抄訳が児童文学において当たり前になっていることに対し、完訳でなければならないとする声が上がり、完訳問題ということが出てくる。岩波書店の「岩波少年文庫」を始めとして、翻訳者も増えてきたし、やはり正しい完訳をというわけですよ。

―― この抄訳と完訳の問題は一種の代理戦争で、大手出版社の抄訳に対して、岩波書店などの完訳主義のせめぎ合いと見ていいんでしょうか。

野上 それに戦後の児童書出版の隆盛によって、大手出版社を始めとする全集物がすごく売れていたことへの反発と批判も含まれていたんでしょうね。

また講談社にしても小学館にしてもそうなのだけど、川端康成や武者小路実篤などが監修者となり、立派な箱入りで出される全集に対して、監修というのは一体何なのか、監修者批判みたいなものも重なっている。

戦後児童文学にとって大きな転機となったのは、一九五三年に早稲田大学の学生サーク

ル「早大童話会」のメンバーによる、いわゆる「少年文学宣言」です。早稲田大学からは、小川未明、浜田廣介、坪田譲治という児童文学の重鎮を送り出していますし、早大童話会も戦前戦後を通じて児童文学作家をたくさん生み出してきました。その伝統あるサークルの機関誌『童苑』を、『少年文学』に誌名変更するために、〈「少年文学」の旗の下に！〉というメッセージを掲載したんです。それが少年文学宣言と通称されて、論争を巻き起こします。

戦後民主主義の風潮の中で『子どもの広場』『赤とんぼ』『銀河』『少年少女』などの読物雑誌がたくさん創刊され、児童文学が脚光を浴びていたんだけど、絵物語や漫画を掲載する大衆的な子ども雑誌が人気になり、それらに追われるかのようにつぎつぎと休刊していきます。そこで児童文学の危機が叫ばれますが、既存の作家たちは、その原因を政治の反動化と低俗な雑誌ジャーナリズムの跋扈によるものであると、主体的に受け止めようとしなかった。それに対して早大童話会の学生たちが反旗を翻したのです。

宣言では、日本の児童文学が近代文学としての位置を確立できなかったのは、近代文学に不可欠な合理的で科学的な批評精神と、それに裏打ちされた創作方法が欠如していたとし、旧来からの童話精神ではなく小説精神に則った「少年文学」を目指すべきだといいます。生活童話や無国籍童話を否定し、近代革命をめざす変革の論理に裏打ちされた創作方法を提唱し「我々は確信に満ちつつ最後の勝利を宣言する」なんて、勇ましく文章は結ばれています。

当時のメンバーは、鳥越信、古田足日、山中恒、神宮輝夫など、以後の日本の児童文学を担っていくことになる人たちです。学生たちによる謄写版刷りの手書き文字で誤植も目立つし論理も荒っぽいんだけど、文面が戦闘的だったこともあって新聞などが大きく取り上げて、坪田譲治などの先輩作家たちと論争になる。実際に宣言を書いたという古田と鳥越が批判に対応して論陣を張り、特に古田が精力的に評論活動を展開して、宣言の曖昧な部分を補強していく。そういった中から、山中恒の「赤毛のポチ」などのような、長編リアリズム作品が誕生してくるわけです。

――そうした「少年文学の旗の下に」宣言のようなトレンドを背景にして、五〇年代末から、日本の児童文学が童話から小説へ移行していったと、野上さんは『日本児童文学の現代へ』で指摘されていますが、そこら辺のことを補足してほしいのですが。

65　現代児童文学の誕生

野上　宣言のメンバーのその後にふれると、古田は自分の評論活動が忙しくなり、鳥越は岩波書店に入り、神宮はアーサー・ランサムなどの翻訳に携わっていく。

山中は渋谷の百貨店の宣伝部に勤めながら、同人誌『小さい仲間』に原稿を書いたり、筒井敬介に誘われてラジオの脚本を書いたりしていた。『小さい仲間』は『少年文学』とメンバーが重なり、さらに当時の若手の児童文学者たちが加わり、創作や評論を寄せていた。

そうした流れの中で、五〇年代末になって、小宮山量平が児童文学を理論社で始め、それらのメンバーや新人の創作や評論を出していくようになる。ピックアップしてみると、理論社から一九六〇年に山中の『赤毛のポチ』『とべたら本こ』、今江祥智の『山のむこうは青い海だった』、六一年に寺村輝夫の『ぼくは王さま』、古田足日の『ぬすまれた町』、いぬいとみこの『北極のムーシカミーシカ』、六三年には鳥越信の『日本児童文学案内』、神宮輝夫の『世界児童文学案内』が出されている。

他社でも五九年に講談社から佐藤さとるの『だれも知らない小さな国』、中央公論社からいぬいとみこの『木かげの家の小人たち』、くろしお出版から古田足日の評論集、『現代児童文学論』、六〇年に講談社から山中の『サムライの子』、松谷みよ子の『龍の子太郎』といったように、長編児童文学作品が五九年頃からどっと出てくるようになった。

――それは作家や著者を考えれば、「少年文学の旗の下に！」のメンバーが中心だし、童話から小説への移行の体現だったことになりますか。いわば六〇年前後に戦後児童文学の開花がもたらされたと。

野上　それと小宮山量平と理論社の政治的動向が複雑に絡み合っていたんでしょうね。

――そう、理論社ほど左翼と社会科学書からあんなに急速に児童書へと移行した出版社はないわけですから。

66　六〇年代以後の新しい作家の出現と創作児童文学の出版点数の増加

野上　でもそれで児童文学は大きく変わった。一九五九年から六〇年にかけて、児童文学に関するパラダイムチェンジが起こり、六〇年代になって新しい作家たちがどんどん出てきた。そうして六〇年代の終わり頃から、創作児童文学の出版点数が増え始め、年間百点を超える。それに合わせて七〇年代になると創作絵本も同様になっていく。

また理論社のほうは同じく七〇年代に灰谷健次郎の『兎の眼』や『太陽の子』を出し、大江健三郎が朝日新聞の「文芸時評」で取り上げたりして、児童書をめぐる出版、文化環境が変わってしまう。それにトールキンの『指輪物語』や、後にはエンデの『モモ』や『はてしない物語』などの海外ファンタジーの翻訳が加わり、所謂児童文学読者層が膨れ上がっていく。

―― その仕上げが「ハリー・ポッター」をめぐる出版騒ぎということになるのですね。

野上 あれこそ児童書とその読者バブルを象徴しているんじゃないかな。児童書は全体としてそんなに落ちこんでいないのだけど、ものすごく空洞化しているという気がする。それは児童書市場が明らかに書店から図書館へとシフトしてしまったことにも示されているように思えます。

かつては基本的に書店で売られ、それを読者が買い、もちろん親たちが買う場合もあるのだけれど、読むというのが主流だった。学校や図書館での巡回販売の場合はセット商品が対象だから、やはり単行本は書店で買われていたし、そのように読まれていた。

――現在書店数は一万三千店、それに対し公共図書館は三千二百館ですが、野上さんが学年誌の編集者になった時代には書店数が二万六千店、それに対して公共図書館は八百館で、しかも現在とは異なり、図書館は大半が小規模だった。

野上　前にも話しましたが、僕が学年誌を編集していた時には書店で買って読まれ、そのことが編集者に伝わってきた。だから低年令対象の学年誌だって読者からの反応をキャッチできた。やはり雑誌のコンテンツというのは送り手と読み手の微妙なコラボレーションの中から生まれてくるものだからね。でも今は小学館の学年誌にしても『小学一年生』と『小学二年生』が残っているだけで、高学年のものは休刊してしまった。これは少子化もあるけれども書店が半分近くまで減ってしまったことも大いに影響している。

そういった意味で、日本の児童書の場合、戦前もそうだけれど、少年少女向け雑誌が果たした役割は大きく、それをベースにして児童書出版も立ち上げられていった。それは戦後も同様で、今になって僕はそれを実感しています。先ほどもいいましたが、書店をはさんで、読者と編集部が雑誌を通じて、微妙なコラボレーションの関係にあったことを。僕はそれを学年誌におけるビックリマンシールやポケモンのことで目の当たりにしたから。それはマーケティングからは得られないもので、大人はマーケティングにだまされても、子どもはだませないことを教えてくれた。そうしたことに関して、雑誌は置いてあるにしても、図書館は書店の代わりを務められない。

67 児童書と電子書籍問題

――電子書籍問題に関してはどうですか。

野上　児童書はほとんど関係ないでしょう。まず絵本は電子化したら絵本ではなくなってしまう。造本、装丁、判型も含め、めくったり、戻したりして読んだり見たりするのが絵本だし、それこそ付録を電子書籍化しても意味がないことと同じです。でもそれとは別に児童書専門店もかなり閉店しているけど、絵本はまだまだ元気で、意欲的な作家も次々と登場してきている。

ただコミックの場合、電子化したら海賊版が出て、中国やロシアにただで流失していくようになるだろうね。まあ、それがコミックというメディアの宿命みたいなところもありますが。僕は上海やロシアや中央アジアで、そのような現象を目撃していますから。

――そのコミックも含め、大手出版社は雑誌も電子書籍化し、売上を回復しようとする方向に進んでいますが、私はとても危惧している。過去も現在も出版業界は雑誌とコミックをベースにして、流通や販売も組み立てられ、それに書籍が相乗りする構造になっていた。その流通や販売のコアともいうべき雑誌やコミックの電子書籍化を推進すれば、書店にいって雑誌やコミックを買う読者は減る一方で、従来の出版業界をさらに窮地へと追いこんでしまう。電子書籍の書店売りなんて誰も信じていないのに、それがあたかも真実であるかのようにレポートされたりしている。

本来であれば、野上さんの『越境する児童文学―世紀末からゼロ年代―』（長崎出版）にあやかり、二一世紀における児童文学の行方までたどるつもりでしたが、残念ながら電子書籍のところまできて時間切れになってしまいました。それに野上さんは明日早く再びキルギスへ旅立つということなので、これ以上引き止められません。

そこで中途半端な終わり方で恐縮ですが、締めの一言をお願いできたらと思います。

68　越境する児童文学への注視

野上　結論に至る話のつもりで、インタビューを受けたわけではないし、僕も色々と話しているうちに、まさに学年誌と児童書の編集者として過ごした長き年月が思い出され、感慨無量といったところです。それに中途半端といわれましたが、僕としては十分に話したつもりです。これまでこんなに自分のことを語ったことはありませんから。

ガキの頃の遊びから電子書籍の話までをたどってみると、本当に福沢諭吉の言葉ではないけれど、一身にして二生を経るみたいな思いが浮かび上がってくる。

その中でも戦後の児童文学が六〇年前後に変わり、それを起点にして現在の「越境する児童文学」への道筋をたどってきたことをあらためて確認できたことは何よりでした。

でもその一方で、『越境する児童文学』の版元である長崎出版が倒産したばかりであり、僕にとっても現在の出版危機は身近なものになってしまいました。とは言いながらも子どもの本はまだまだ可能性を秘めている。市場原理に流されることなく、しっかりと読者である子どもたちと向き合っていけば、出版危機を打開する原動力にもなるでしょう。本好きの子どもが、長じて本好きの大人になるんですからね。混沌とした出版危機状況の中にあって、児童文学がどのような変容を遂げていくのか、それらをトータルに見守っていきたいと思っています。

――とてもうまく締めてもらって有難うございます。拙いインタビューでお疲れのことと存じますが、よりよきキルギスへの旅を祈っております。それでは最後にボン・ボワイヤージュということで、終わらせて頂きます。

資料

現代子どもの文化史年表（野上暁『おもちゃと遊び』所収）

	テレビ	まんが	おもちゃ	その他
１９５９	皇太子ご成婚でＴＶ台数急増 ＮＥＴ、フジＴＶ開局 「少年ジェット」 「七色仮面」 「遊星王子」 「番頭さんと丁稚どん」 「やりくりアパート」	『少年マガジン』 『少年サンデー』など 少年週刊誌相次いで創刊 『忍者武芸帖』『鬼太郎夜話』 「少年ジェット」	ゴルフ盤 ホッケーゲーム ミニカーの輸入始まる テレビまんがのお面	メートル法に改正 週刊誌ブーム『朝日ジャーナル』 『週刊現代』『週刊文春』『週刊平凡』など創刊 紙芝居が衰退 長編童話『だれもしらない小さな国』刊行
１９６０	カラーＴＶ本放送開始 ＴＶ契約５００万台突破 「ララミー牧場」 「快傑ハリマオ」	「少年ロケット部隊」など、 戦記まんがブーム 「快傑ハリマオ」	ダッコちゃん人形大ブーム ガンブーム	反安保闘争 インスタントラーメン インスタントコーヒー 『龍の子太郎』松谷みよ子
１９６１	「アンタッチャブル」 「宇宙家族」 「ウッドペッカー」	「ちかいの魔球」 「伊賀の影丸」 「サスケ」	マテルガン（ガンブーム続く） プラレール ボーリングゲーム各社から発 売されるが人気はイマイチ	レジャーブーム 「スーダラ節」植木等 『現代子ども気質』阿部進 アンネ・ナプキン発売
１９６２	ＴＶ契約１０００万台突破 「隠密剣士」 「コンバット」 「てなもんや三度笠」	「おそ松くん」 『少年クラブ』『少女クラブ』休刊	ダイヤブロック ディズニー玩具発売 チャンピオンレーシング	義務教育の教科書無償 映画「キューポラのある街」 「１０１匹わんちゃん大行進」

１９６３	１９６４	１９６５
初の国産アニメ「鉄腕アトム」放映 「鉄人28号」 「狼少年ケン」 アニメブーム起こる 「8マン」 「忍者部隊月光」 「ロンパールーム」	「ひょっこりひょうたん島」 「0戦はやと」 「遊星少年パピー」 「スーパージェッター」 「宇宙少年ソラン」 「ビッグX」 SFアニメブーム	「オバケのQ太郎」放映開始で、オバQブーム起こる 初のカラーTVアニメ「ジャングル大帝」 「ちびっ子のどじまん」 ワイドショー大ブームで、子ども向けモーニングショー「おはよう！　こどもショー」登場
「サブマリン７０７」 「紫電改のタカ」 「0戦はやと」 「8マン」 『少年キング』『週刊少女フレンド』 『週刊マーガレット』創刊 『少女』『少女ブック』休刊 週刊誌時代到来	「オバケのQ太郎」 「丸出だめ夫」 「忍者ハットリくん」 「サイボーグ００９」 「カムイ伝」 『月刊ガロ』創刊	「ハリスの旋風」 「ワタリ」 「ゲゲゲの鬼太郎」 「5年ひばり組」 「怪物くん」 「マグマ大使」 「ねこ目の少女」 少女怪奇まんがが人気 「おそ松くん」「オバケのQ太郎」などギャグまんがが流行
鉄腕アトム、鉄人28号のキャラクター玩具人気 ロンパールーム商品 鉄腕アトムシール マスコミもの玩具が本格化	明治製菓のアトムシールと、グリコの鉄人ワッペンのプレミアムキャンペーンによって、ワッペン・シールの熱狂的なコレクションブーム バービー人形の国内販売開始	オバQブームで、関連商品が大ヒット！ レーシングカーブーム バービー人形、タミー人形など人気を呼ぶ
TV受像機１５００万台でアメリカにつぎ世界第二位に！ ケネディ暗殺、日米TV衛星中継に成功 「こんにちは赤ちゃん」ヒット 『愛と死をみつめて』ベストセラーになる	東京オリンピック開催 海外旅行が自由化 切手ブーム 新幹線開通 ボーリング急激に広まる 根性、俺についてこい、ウルトラC、シェーなどの言葉流行 国産の家庭用ビデオ発売	日韓条約成立 短大生を含む大学生数１００万人突破 エレキギターブーム モンキーダンス流行 ミニスカート登場

	テレビ	まんが	おもちゃ	その他
1966	「ウルトラQ」 「ハリスの旋風」 「マグマ大使」 「ウルトラマン」 「魔法使いサリー」	「巨人の星」 「バットマンX」 少年誌で怪獣ブーム	怪獣もののプラモ、ソフト人形が人気で怪獣ブーム起る	人口1億人突破 ヒノエウマで出生数136万人 前年比25％減記録史上最低 ビートルズ来日 フォークソングブーム
1967	TV契約2000万突破 「トッポジージョ」 「パーマン」 「ウルトラセブン」 「リボンの騎士」	「天才バカボン」 「柔道一直線」 「いなかっぺ大将」 「無用之助」 『COM』創刊	「リカちゃん人形」タカラから発売 サンダーバード	ミニスカート大流行 東京に革新都知事 フーテン族、アングラ、ヒッピー族などが話題になる GNP世界第三位に
1968	「ゲゲゲの鬼太郎」 「怪物くん」 「巨人の星」 「サイボーグ009」 「妖怪人間ベム」 「サスケ」	「あしたのジョー」 「アタック№1」 「サインはV！」 「タイガーマスク」 「ハレンチ学園」 『少年ジャンプ』隔週創刊	リカちゃんトリオ、ハウス人生ゲーム わんぱくフリッパー	GNP世界第二位に 参院選、タレント候補上位当選（石原、青島、今、大松、ノック） 少年のシンナー遊び激増（死者42人、1万人以上補導） アポロ8号月面TV中継
1969	「アタック№1」 「サインはV！」 「柔道一直線」 「タイガーマスク」 「サザエさん」 「ムーミン」	前年の『少年』に続き、『少年ブック』『ぼくら』『まんが王』が相次いで休刊 『少年チャンピオン』創刊 『少年ジャンプ』週刊化 「ゴルゴ13」	スポ根ブーム ロボット大回転 コンピュータカー アポロ宇宙船プラモ人気	大学紛争激化 安田講堂陥落 「8時だヨ！　全員集合」スタート アポロ11号、有人月面着陸 「ニャロメ」「オーモーレツ！」「あっと驚くタメゴロー」流行語

1970	「あしたのジョー」 「みなしごハッチ」 「いなかっぺ大将」 「ハレンチ学園」 「どっきりカメラ」	「ドラえもん」 「男どアホウ甲子園」 「ダメおやじ」 「ド根性ガエル」 「アシュラ」	タイガーマスクのソフト人形が人気 光線銃SP 幼児層に怪獣玩具人気	大阪で万国博覧会 よど号ハイジャック事件 三島由紀夫が自衛隊に乱入し割腹自殺 モーレツからビューティフルへ
1971	「仮面ライダー」 「帰ってきたウルトラマン」 「ミラーマン」 「シルバー仮面」 変身ブーム起る	「仮面ライダー」 「釘師サブやん」 「男おいどん」 『少年画報』『ぼくらマガジン』休刊『テレビマガジン』創刊	アメリカンクラッカー大流行 怪獣ソフト人形人気 GIジョー 万創の飛び出す絵本	第二次ベビーブーム ラジオの深夜放送人気 変身ブームで「ヘンシーン!」が人気に
1972	「月光仮面」 「快傑ライオン丸」 「ウルトラマンA」 「人造人間キカイダー」 「マジンガーZ」 「科学忍者隊ガッチャマン」	「ベルサイユのばら」 「ドカベン」 「漂流教室」 「デビルマン」 「野球狂の詩」 「ポーの一族」	引き続き変身もののヒット 仮面ライダー変身ベルトが大ヒット TVキャラクター商品メーカー主導に! パーフェクション	札幌冬季オリンピック 浅間山荘事件 田中内閣成立 日中国交回復 パンダのカンカンとランラン上野動物園に。パンダブーム
1973	「仮面ライダーV3」 「ウルトラマンタロウ」 「ひらけ!ポンキッキ」 「ドラえもん」	「愛と誠」 「釣りキチ三平」 「おれは鉄兵」 「エースをねらえ!」	ジャンボマシンダー・マジンガーZ オセロゲーム 億万長者ゲーム	ベトナム和平 石油ショック 物価高騰 「ちょっとだけヨ」ドリフ
1974	「アルプスの少女ハイジ」 「グレートマジンガー」 「がんばれ! ロボコン」 「宇宙戦艦ヤマト」	「がきデカ」 「てんとう虫の歌」 「三つ目がとおる」 『花とゆめ』創刊	超合金大ヒット オセロゲームブーム	物価上昇率(32・4%)史上最高 超能力ブーム(ユリ・ゲラー) 高校進学率90%を超す

	テレビ	まんが	おもちゃ	その他
1975	「フランダースの犬」 「秘密戦隊ゴレンジャー」 「まんが日本昔話」 「タイムボカン」「鉄ドン」	「キャンディキャンディ」 「はいからさんが通る」 『プリンセス』『MiMi』創刊。 第一回コミケ開催	ゲイラカイトに代表されるビニール凧大ヒット 日本初のテレビゲーム・テレビテニス	大学生200万人突破 沖縄海洋博 乱塾（小学生の通塾62％） 「およげ！　たいやきくん」
1976	「キャンディキャンディ」 「母をたずねて三千里」 「コンバトラーV」 『てれびくん』創刊	「ガラスの仮面」 「こちら葛飾区亀有公園前派出所」 「がんばれ元気」 「風と木の歌」	ポピニカ・コンバトラーV 超合金・コンバトラーV サンリオ商品人気	ロッキード事件田中角栄逮捕 五つ子誕生
1977	「家なき子」 「ボルテスV」 NETがテレビ朝日に改名	「マカロニほうれん荘」 「あさりちゃん」 『コロコロコミック』創刊	キャンディキャンディ関連商品ヒット スーパーカーブーム テレビゲームブーム	劇場版「宇宙戦艦ヤマト」大人気 ピンクレディ人気 カラオケブーム到来
1978	「未来少年コナン」 「銀河鉄道999」 「宇宙海賊キャプテンハーロック」 『アニメージュ』創刊	「がんばれ！タブチくん」 「じゃりん子チエ」 「ゲームセンターあらし」 「綿の国星」	スーパーカー消しゴムから怪獣消しゴムへ（ガチャガチャ） インベーダーゲーム（ゲーセン）	キャンディーズさよならコンサート ディスコブーム
1979	「機動戦士ガンダム」 「ドラえもん」 「赤毛のアン」 「三年B組金八先生」	「うる星やつら」 「キン肉マン」 「レモン白書」 『ヤングジャンプ』創刊	インベーダー人気爆発 電子ゲーム登場	第二次石油ショック ソニー「ウォークマン」発売 「口裂け女」全国的に広まる 共通一次テスト実施

１９８０	「トムソーヤの冒険」 「新鉄腕アトム」など、リメイクもの増加 漫才ブーム	「Ｄｒスランプ」 「日出処の天子」 少年週刊誌新年号５誌で１０００万部突破	ゲーム&ウォッチ発売（１０００万個の大ヒットに） ルービックキューブ流行	校内暴力、家庭内暴力急増 川崎の金属バット両親殺害事件 竹の子族が話題に
１９８１	「Ｄｒスランプ　アラレちゃん」 「うる星やつら」 「じゃりん子チエ」 「オレたちひょうきん族」放映開始	「キャプテン翼」 「タッチ」 「六三四の剣」 『学習まんが少年少女日本の歴史』全20巻 『コミックボンボン』創刊	ガンダムのプラモ（ガンプラ）ブーム アラレちゃん商品ヒット 「なめネコ」グッズ人気 電子ゲームブーム	劇場用映画「機動戦士ガンダム」ヒット
１９８２	「パタリロ！」 「あさりちゃん」 「超時空要塞マクロス」 「笑っていいとも」	「プラモ狂四郎」 「ときめきトゥナイト」 「風の谷のナウシカ」	マクロス人気で、プラモブーム続く	羽田沖、日航機墜落事故 ゲーム雑誌創刊相次ぐ アラレちゃんの「んちゃ」流行
１９８３	「スプーンおばさん」 「子鹿物語」 「キャッツアイ」 「キャプテン翼」	「北斗の拳」 「吉祥天女」	ファミコン発売 ラジコンブーム	東京ディズニーランド開園 横浜で中学生が浮浪者襲撃 町田市忠生中学事件 戸塚ヨットスクール事件
１９８４	「キン肉マン」 「北斗の拳」	「ＤＯＲＡＧＯＮ　ＢＡＬＬ」 「ファンシーダンス」 『少年ジャンプ』400万部突破	ファミコン本体、286万台出荷と急速に普及 キン消しブーム　チョロQ	グリコ、森永「怪人20面相」事件 映画「風の谷のナウシカ」

	テレビ	まんが	おもちゃ	その他
1985	「タッチ」 「ハイスクール！　奇面組」 「夕焼けニャンニャン」中高生に人気 「天才たけしの元気がでるテレビ！」人気	「つるピカハゲ丸」 「魁!!　男塾」 「BANANA FISH」	「スーパーマリオブラザーズ」発売 シルバニアファミリー発売 ファミコン本体年末には580万台突破	日航ジャンボ機墜落 筑波、科学万博開幕 「いじめ」社会問題化
1986	「めぞん一刻」 「DORAGON BALL」	「聖闘士星矢」 「ちびまる子ちゃん」 「おぼっちゃまくん」 「ホットロード」 「YAWARA」 「おーい！　竜馬」	「ドラゴンクエスト」 「プロ野球ファミリースタジアム」発売 ファミコンディスクシステム発売 「ゼルダの伝説」 スーパーサーキット	東京中野の中学生いじめ自殺 岡田有希子の後追い自殺続く チェルノブイリ原発事故 ハレー彗星大接近
1987	「シティーハンター」 「ビックリマン」 「ねるとん紅鯨団」	「白鳥麗子でございます」 『ヤングサンデー』創刊	ビックリマンシール大流行 PCエンジン発売	利根川准教授ノーベル賞 映画「スタンド・バイ・ミー」 「風が吹くとき」
1988	「魔神英雄伝ワタル」 「それいけ！　アンパンマン」	「ダッシュ！　四駆郎」 「YAIBA」 『少年ジャンプ』500万部突破	ミニ四駆ブーム 「ドラゴンクエストⅢ」大人気 ファミコン1200万台突破	リクルート事件 映画「となりのトトロ」ヒット キョンシーブーム
1989	「らんま1／2」 「ドラゴンクエスト」 「機動警察パトレイバー」 「おぼっちゃまくん」	「動物のお医者さん」 「はじめの一歩」 手塚治虫逝去	ゲームボーイ発売	昭和から平成へ 中国天安門事件 ベルリンの壁崩壊 幼女連続殺人（宮崎勤逮捕）

1990	「ちびまる子ちゃん」 「アイドル伝説えり子」	「うしおととら」 「クレヨンしんちゃん」 「幽☆遊☆白書」	「ドラクエⅣ」発売 スーパーファミコン発売	湾岸戦争勃発 東西ドイツ統一 バブル崩壊
1991	「東京ラブストーリー」 「おれは直角」	『月刊少年ガンガン』創刊	ゴマちゃんぬいぐるみ	湾岸戦争 篠山紀信「Santa Fe」
1992	「クレヨンしんちゃん」 「ひとりでできるもん」 「美少女戦士セーラームーン」	「美少女戦士セーラームーン」 「金田一少年の事件簿」 「赤ずきんチャチャ」	バーコードバトラー 「ドラクエⅤ」発売	カラオケボックス 映画「紅の豚」
1993	「忍たま乱太郎」 「ポコニャン」	「星の島のるるちゃん」 「地獄先生ぬ～べ～」 「不思議のたたりちゃん」 「とっても！　ラッキーマン」	幼児向けコンピュータ「PICO」（セガ） サッカーゲーム盤	連立内閣細川首相 皇太子結婚 北海道奥尻島地震 Jリーグ開幕
1994	「赤ずきんチャチャ」 「ヤマトタケル」 「家なき子」	「名探偵コナン」 「爆走兄弟レッツ&ゴー!!」 『少年王』『月刊少年A』創刊	プレイステーション発売 セガサターン発売	松本サリン事件 向井千秋さんスペースシャトルへ 大江健三郎ノーベル文学賞受賞
1995	「新世紀エヴァンゲリオン」	『少年ジャンプ』653万部記録 「烈火の炎」 「MAJOR」 「め組の大吾」	ミニ四駆ブーム再焼	阪神・淡路大震災 地下鉄サリン事件 映画「ガメラ」 青島・横山ノック知事に ウィンドウズ95

	テレビ	まんが	おもちゃ	その他
1996	「名探偵コナン」 「るろうに剣心」	「みどりのマキバオー」 「ポケットモンスター」 「ジャンジャンバリバリ」 藤子・F・不二雄逝去	ゲームボーイ「ポケットモンスター」 手のひらピカチュウ たまごっち　プリクラ Nintendo64	ペルー日本大使館事件 携帯電話急増 援助交際 インターネット
1997	「ポケットモンスター」 「金田一少年の事件簿」 「学級王ヤマザキ」	「IS（アイズ）」 「永遠の詩」 「世紀末リーダー伝たけし！」 「ONE PIECE」	デジタルモンスター ハイパーヨーヨー キティちゃんグッズ	映画「エヴァンゲリオン」 「もののけ姫」大ヒット 『少年H』ベストセラー ポケモン騒動
1998	「ウルトラマンガイア」 「遊戯王」	「ホイッスル」 「HUNTER×HUNTER」 石ノ森章太郎逝去	ポケットピカチュー 「ポケモンスタジアム」	米国映画「GODZILLA」を、アニメ「ポケットモンスター・ミュウツーの逆襲」が追い抜く 参院選与野党逆転

小学校と図書室（小田光雄『図書館逍遥』所収）

私は昭和二〇年から二七年にかけての、戦後の占領期に生まれた世代に属している。占領下に生まれた子供たちは二千万人と推定され、私たちは昭和三〇年代に小学生時代をすごした。占領に続く高度成長期から私たちの少年時代が始まっていることになる。しかしそれが何であったのかは、私たち、占領下に生まれた世代によって十分に検証されているとはいえない。だが現在の日本社会を問うならば、かならず敗戦と占領に行き着く。そして占領下に生まれた世代によって、その意味が問われなければならない時代に入ったように思われる。本との出会いや読書の体験もまた、占領の影響下にあったのではないだろうか。

私の記憶によれば、昭和三〇年代の小学校の図書室は、現在とは異なり、とても充実していた印象がある。これは私だけの印象ではなく、同世代に共通している記憶であると思う。この時代に、私たちは小学校の図書室で大量の児童文学と出会った。それはことごとく新しく、戦後出版されたものであり、多くの翻訳書が含まれていた。アーサー・ランサムもケストナーもロフティングのドリトル先生も、小学校の図書室の書棚に置かれ、それらの読書をきっかけにして、私たちは後年、外国文学へと向かうことになったのだ。
当時、その背景に何があったのかまったく知らなかったが、現在ではそれをようやく説明できる。昭和二二年に教育基本法と学校教育法が公布される。それに伴い、小中高校に図書室の設置が促され、昭和二五年に全国学校図書館協議会が創立、二八年に学校図書館法が成立する。かくして、すべての学校に図書室が設置されることになった。これらはいうまでもなく、占領による民主主義教育制作として制定されたのである。『日本児童図書出版協会四十年史』によれば、学校図書館法の成立で学校図書館予算として七十五億円が計上されることになり、多くの児童書出版社が簇出する。現在の主な児童書出版社もまた戦後に創業している。

昭和二一年　学習研究社、小峰書店、ひかりのくに、文研出版
昭和二二年　ポプラ社、理論社
昭和二三年　秋田書店
昭和二四年　あかね書房
昭和二七年　福音館書店

これらの児童書出版社の創業と並行して、昭和二一年に日本児童文学者協会、二八年に

日本児童図書出版協会が設立される。占領下に生まれた子どもたちが、占領によって平和と民主主義の生徒として出現し、出版業界はその二千万人を新しい児童文学の読者として発見するのである。戦前の少国民に代わって。その膨大な読者の出現は、昭和二〇年代後半から三〇年代前半にかけて、無数のシリーズ物の企画となって表われ、いうなれば、児童文学の円本時代を迎える。そのなかから、主なものを列挙してみる。

昭和二六年　『岩波少年文庫』（岩波書店）／『世界絵文庫』（あかね書房）
昭和二八年　『日本児童文学全集』（河出書房）
　　　　　　『世界少年少女文学全集』（東京創元社）／『学校図書館文庫』（牧書店）
昭和三〇年　『日本文学名作全集』（偕成社）
昭和三一年　『日本少年少女文学全集』（河出書房）
昭和三二年　『新日本少年少女文学全集』（ポプラ社）
昭和三三年　『少年少女世界文学全集』（講談社）／『世界児童文学全集』（あかね書房）
昭和三四年　『世界童話全集』（講談社）
昭和三五年　『少年少女世界名作全集』（小学館）／『岩波少年少女文学全集』（岩波書店）

（『日本出版百年史年表』より抽出）

このように、学校図書館法の制定によって、その成立予算を当てにして、全集やシリーズ物が続々と出版され、それらが小学校の図書室へと流れこんでいった。私たちは貧しく、それらの全集を買う余裕もなかったし、現実に所有している生徒はまわりにはいなかった。したがって、私たちは本との出会いを求めるならば小学校の図書室へと向かうしかなかったのである。昭和二五年に創刊された岩波少年文庫の「発刊に際して」に、「この文庫が都市はもちろん、農村の隅々にまで普及する日が来るならば、それは、ただ私たちだけの喜びではないであろう」と記されているが、三〇年代に私のいた農村の小学校の図書室にも、発見することができたのであるから、その意図は実現されたといえよう。

これらの児童文学の大量生産の功罪は今は問わないことにしよう。こうした出版物の背景の事情も知らなかったけれども、私たちはとにかく小学校の図書室でこれらの書物にふれ、読んでしまったという事実を確認しておこう。日本や外国の児童文学を多読したのち、私は創作児童文学というものがあることを知った。それは、図書室ではなく商店街の小さな書店の店頭においてだった。私は初めて創作児童文学を買った。その本は昭和三六年に理論社から刊行された、砂田弘の『東京のサンタクロース』だった。

（おだ・みつお）

あとがき

小田光雄さんのインタビューは、国際ペンの世界大会に合わせて、キルギスの首都ビシュケクで行われる日本文化フォーラムへ出発前日の慌ただしい中で行われたため、何の準備もなしに臨んだから、ぶっつけ本番の話がはたして一冊の本にまとまるのかと危うんでいた。ところが、さすがの小田さんである。じつに見事にまとめてくれた。

あらためて読み返してみて、話し足りなかったことなどが多々ある。取りあえずここでは、「学年別学習雑誌」という日本に固有な子ども向け雑誌の成立事情とその後の展開や、これまた日本独特の雑誌付録について言い残したことを補足したい。

一九七五年にイタリアのボローニャの国際児童図書展に出張したとき、会場でドイツの作家のミヒャエル・エンデと会った。エンデは、『モモ』が一冊だけ日本で翻訳出版されていたが、まだ『はてしない物語』も書いていなかったから、特別注目されることもなく、時間を持て余している風情だった。一緒になったばかりの奥さんが日本人だったこともあり、舟崎克彦さんや東逸子さんらの若手作家や画家たちと一緒の我々グループと、奥さんの通訳で昼間からブースでワインを飲みながらいろいろおしゃべりした。

そこで、各人が自分のやっている仕事を紹介した。ぼくはそのとき、一年生から六年生までの各学年別に発行される学習雑誌のことを話し、『小学一年生』は、一〇〇万部発行していると言ったら、彼は「ミステリアス」だと目を丸くして、「そんな本は、ソ連の教科書くらいしかない」といったのが印象的だった。なるほど、学年別に雑誌があるなんて、恐らく欧米人には理解できなかったのだろう。

日本の子ども雑誌は、近代に誕生して以来ほとんど例外なく学校教育を補完する学習雑誌だった。一八七七年（明治一〇年）に創刊された『頴才新誌』は、週刊で発行され、A4判よりやや小振りで毎号八ページの書画文章の投稿雑誌だった。この頃の小学校の成績は、概ね文章力を中心に優劣をつけていたと、『明治少年文化史』の木村小舟は述べている。少年時代の尾崎紅葉、山田美妙、大町桂月、田山花袋らが、『頴才新誌』に投稿して文才を競ったという。

一八八八年（明治二一年）創刊の『少年園』を追って、次々と創刊された『日本之少年』『小国民』『幼年雑誌』『少年世界』なども、学校の教科に対応した学習ページが必ずあった。一九一四年（大正三年）に大日本雄弁会講談社から創刊された『少年倶楽部』にしても、学校教育の対抗軸としての巷の教育を標榜していた。

学習雑誌を学年別に発行しようと構想した小学館の創設者の相賀武夫は、最初は中学生を対象とした受験雑誌を考えていたようだ。南光堂の『復習と受験』などが売れていたから、受験雑誌を作ろうと思ったが中学生対象よりも、義務教育の小学生をターゲットにした方が読者数的に有利なのと、中学受験が盛んになりはじめたという背景も加わったのだろうと、小学館の相賀昌宏社長に聞いたことがある。それで、一九二二年（大正一一年）九月に、『小学五年生』と『小学六年生』を創刊する。子どもというのは一年のうちで大きく成長するから、それぞれの年齢にあった雑誌を作るべきだと考えて、それで学年別になったのだろうと、相賀社長はいう。

翌二三年一二月に『小学四年生』を創刊し、二四年一二月に『せうがく三年生』を創刊。そして二五年三月に『セウガク二年生』『セウガク一年生』四月号を創刊して、全学年のラインナップがそろう。その成功を追って他社が対抗誌を次々と出し始めたので、それを牽制するために二五年九月、相賀武夫は『尋常小学一年男生』『尋常小学一年女生』の二誌を、集英社の名前で創刊する。これが集英社のスタートとなったのだ。

他社の追従を阻止するために身内で競わせるというのは、その頃からの伝統なのだろうか。事実、兄弟会社でありながら、小学館と集英社はさまざまな分野で競合的競争をくりかえして、両社ともに成長してきた。

『小学一年生』が、学研の直販雑誌『一年の学習』『一年の科学』に発行部数で追い抜かれ苦戦していたとき、当時の相賀徹夫社長から「市販の競合誌がないから負けているんでしょう。だったら集英社で学年誌を創刊しましょうか」と言われて愕然としたことがあった。こちらの不甲斐なさをからかったのだろうが、まんざら冗談ではなかったのだろう。

戦前戦後ともに学年別学習雑誌の創刊は各社で何度も試みられたが、いずれも短命に終わっている。ところが、一九五五年（昭和三〇年）に、子ども向け娯楽雑誌『ぼくら』と『なかよし』の創刊に成功した講談社が、その勢いに乗って翌五六年に『たのしい一年生』(九月号）を創刊して、小学館の牙城に挑戦してくる。そこで、先行する小学館と後発の講談社との熾烈な学年誌合戦が始まる。これについては本文中でもふれたが、新入社員の教習期間中を通してしつこいくらい聞かされた。

ぼくが入社した頃は、戦前からの大出版社である講談社と真正面から戦って勝ったということで、小学館はその勢いの只中にあったのだ。事実、一九五九年三月に同日創刊した『週刊少年サンデー』と『週刊少年マガジン』の部数争いでも、ぼくが入社した六七年前後までは、創刊以来ずっと『少年サンデー』が先行していた。もっともその直後には逆転し、差を離されていくのだが。

講談社は、『たのしい一年生』創刊以前にも、たびたび学年別雑誌の創刊を目指して様々にリサーチし、具体化を策動していた。しかしその動きを聞きつけた小学館は、一九五〇年一二月に、兄弟会社の集英社から『よいこ一年生』『よいこ二年生』『よいこ三年生』を急遽創刊して、講談社の参入を阻止しようとした。そしてこの集英社の学年誌が、いずれも三年経たずして終刊になったことが、講談社の挑戦を阻んできたのだろう。

『ぼくら』『なかよし』の大成功が、戦後のベビーブーム世代が就学年齢に達する頃から飛躍的に部数増を続けている小学館の学年誌の活況をにらみながら、『たのしい一年生』の創刊と六年生までの系列化への決断となったのだろう。翌五七年正月号から『たのしい二年生』『たのしい三年生』、五八年三月に『たのしい四年生』四月号、五九年三月に『たのしい五年生』、そして六〇年三月に『たのしい六年生』を創刊して、講談社の学年誌のラインナップがそろう。

ところが、すでにそのときベビーブーム世代は順次中学生になりつつあった。一九五四年の新入学児童数約二五五万三〇〇〇人に対し、六四年には約一五三万五〇〇〇人と一〇〇万人以上減少している。小学生総数も最盛期から二三五万人以上も減っていたのだから、講談社の学年誌系列化は明らかにタイミングを外してしまったのだ。こうして、『たのしい六年生』を創刊して系列化が達成された三年後の六三年三月号を持って、六誌ともに休刊のやむなきに至った。

小学館の学年誌は、その後「オバQ」ブームなどもあって部数をさらに伸ばして行き、七〇年代ウルトラマンブームなどに支えられて、絶頂期を迎える。

その一方で、学研の『学習』と『科学』は、学校で販売されていたこともあって、親や教師の信頼も厚く、しかも付録がプラスティック製でそのまま授業でも使えるものが多く、急速に部数を伸ばしてきていた。後に学校での販売が禁止され、「学研のおばさん」と愛唱された契約販売員が子どものいる家庭を訪問して予約を取り宅配するシステムに変わるが、完成品の教材付録の魅力と、学習中心の雑誌造りに対抗するのがなかなか困難だった。

小学館の学年誌は、学習雑誌をうたっているものの、マンガや娯楽記事も多く、子どもが喜んでも親や教師は学研の方に軍配を上げる。教育熱が過熱気味になって、塾に通う子供が増えてくると、「楽しみながら勉強する」などと言っても、学研の雑誌の学習記事が中心の雑誌造りには太刀打ちできない。また、七〇年前後には、「学習雑誌と言いながら中身はマンガばかり」などと教育学者や教育評論家に揶揄されたり、紙製の組み立て付録に対する親からのクレームもたくさんあった。

スポンサーは親で、買ってくれるのは子どもだという、市販の学年別学習雑誌特有の苦悩があったのだ。親の目を意識しながら、子どもたちが買ってほしいと、親にねだってくれるような雑誌作りの難しさである。つまりタテマエは親向けに、ホンネは子どもという、言うなれば親の期待と子どもの興味との妥協点をどこに設定するかなのだ。

学習的な効率から考えると学研の雑誌や公文の算数教室、進研ゼミなどが有効であり、子どもたちの娯楽的な欲求からだったら、マンガ雑誌にかなわない。そこで、学年誌ならではの学習付録をと言うことで、相賀徹夫社長の提案で、算数の水道方式の提唱者であった東工大名誉教授の遠山啓先生に協力していただき、年間を通して先生監修の学習別冊と、算数教材セットを付録にしたこともあった。そんな関係で、遠山先生ご夫妻と、木曾福島と馬籠に旅行したことを思い出した。

付録については、日本特有な歴史もあるし、組み立て付録や付録のセットの仕方、雑誌の付録の材質規制などもあり、それだけで一冊になるくらいの話題に尽きない。小学館では、恐らく戦前の講談社の『少年倶楽部』の付録会議を倣ってなのだろうが、社長はじめ社の幹部が出席する付録会議と言うのが毎月二回あった。いわゆる御前会議で、編集長は毎回緊張して会議に臨むのだが、そのための準備をする付録担当者は大変だった。『少年倶楽部』では、「講談社桜が散れば新年号」「目に青葉　山ホトトギス新年号」という戯れ句があったと、戦前の加藤謙一編集長の本で読んだことがある。組み立て付録は地方の内職業者に依頼したり、そのセッティングまで含めて多くの人手をわずらわせて完成までに時間を要するから、発売の半年以上前から企画会議を行う。詳細を説明する紙数がないのは残念だが、それはまたの機会にしたい。

野上　暁

野上 暁（のがみ・あきら）
本名・上野明雄。評論家、作家。日本ペンクラブ常務理事。東京純心大学こども学科客員教授。1943年、東京に生まれ疎開先の長野で少年時代を過ごす。中央大学を卒業後、小学館に勤務し『小学一年生』編集長、児童図書、一般書籍担当部長を経て、取締役、小学館クリエイティブ代表取締役社長、白百合女子大学児童文化学科、東京成徳大学子ども学部非常勤講師などを歴任。主著に『おもちゃと遊び』(現代書館)、『“子ども”というリアル』『日本児童文学の現代へ』(パロル舎)、『子ども学 その源流へ』(大月書店)、『越境する児童文学』(長崎出版)、『子ども文化の現代史』(大月書店)。編・著書に『子どもの本ハンドブック』(三省堂)、『いま子どもに読ませたい本』(七つ森書館)、共著に『考える絵本 子ども・大人』(大月書店)、『絵本 子どもたちの日本史』(全5巻・大月書店)。創作に、うえのあきお名による『ぼくらのジャングルクルーズ』(理論社)、絵本に『あいうえおばけのおまつりだ』(長崎出版)など。

小学館の学年誌と児童書——出版人に聞く⑱

2015年8月20日　初版第1刷印刷
2015年8月25日　初版第1刷発行

著　者　野上　暁
発行者　森下紀夫
発行所　論 創 社
東京都千代田区神田神保町 2-23　北井ビル
tel. 03（3264）5254　fax. 03（3264）5232　web. http://www.ronso.co.jp/
振替口座　00160-1-155266
インタビュー・構成／小田光雄　装幀／宗利淳一
印刷・製本／中央精版印刷　組版／フレックスアート
ISBN978-4-8460-1456-8　©2015 Nogami Akira, printed in Japan
落丁・乱丁本はお取り替えいたします。

論　創　社

「今泉棚」とリブロの時代◉今泉正光

出版人に聞く1　80年代、池袋でリブロという文化が出現し「新しい知のパラダイム」を求め多くの読書人が集った。その中心にあって、今日では伝説となっている「今泉棚」の誕生から消滅までをかたる！　本体1600円

盛岡さわや書店奮戦記◉伊藤清彦

出版人に聞く2　80年代の後半、新宿・町田の山下書店で、雑誌･文庫の売り上げを急激に伸ばし、90年代に入り、東北の地・盛岡に・この人あり・と謳われた名物店長の軌跡。　本体1600円

再販／グーグル問題と流対協◉高須次郎

出版人に聞く3　流対協会長の出版の自由をめぐる熱き想い！　雑誌『技術と人間』のあと、82年「緑風出版」を設立した著者は、NRに加盟、流対協にも参画し、出版業界の抱える問題とラディカルに対峙する。本体1600円

リブロが本屋であったころ◉中村文孝

出版人に聞く4　再販委託制は歴史的役割をすでに終えている！　芳林堂、リブロ、ジュンク堂書店を経て、2010年のブックエンドLLPを立ち上げた著者の《出版》をめぐる物語。　本体1600円

本の世界に生きて50年◉能勢仁

出版人に聞く5　リアル書店の危機とその克服策。千葉の書店「多田屋」に勤めた著者は、「平安堂」でフランチャイズビジネス、「アスキー」で出版社、「太洋社」で取次と、出版業界を横断的に体験する。　本体1600円

震災に負けない古書ふみくら◉佐藤周一

出版人に聞く6　著者の出版人人生は取次でのバイトから始まり、図書館資料整備センター、アリス館牧新社、平凡社出版販売へと本へのこだわりは続き、郡山商店街に郷土史中心の古書ふみくらが誕生！　本体1600円

営業と経営から見た筑摩書房◉菊池明郎

出版人に聞く7　1971年に筑摩書房に入社、80年、更生会社としての再スタート時に営業幹部、99年には社長に就任。在籍40余年の著者が筑摩書房の軌跡を辿り、新しい出版理念として時限再販を提言。　本体1600円

好評発売中

論　創　社

貸本屋、古本屋、高野書店◉高野肇

出版人に聞く 8　1950 年代に日本全国で「貸本」文化が興隆し、貸本屋が 3 万店をこす時代もあった。60 年代に「古本」文化に移行するが、その渦中を生きた著者の古本文化論。　本体 1600 円

書評紙と共に歩んだ五〇年◉井出彰

出版人に聞く 9　1968 年に『日本読書新聞』に入社し、三交社などを経て、88 年には『図書新聞』編集長となった著者。書評紙の編集と経営の苦闘の日々が、戦後の書評紙の世界を照射する。　本体 1600 円

薔薇十字社とその軌跡◉内藤三津子

出版人に聞く 10　天声出版からリトルマガジン『血と薔薇』を創刊し、1969 年に薔薇十字社を立ち上げた伝説の女性編集者。三島由紀夫・寺山修司・渋澤龍彦らと伴走した出版史を辿る。　本体 1600 円

名古屋とちくさ正文館◉古田一晴

出版人に聞く 11　1974 年、ちくさ正文館にアルバイトとして入社。78 年には社員となる。それ以後 40 年にわたり、文学好きな経営者のもと、〝名古屋に古田あり〟と謳われた名物店長となる。　本体 1600 円

『奇譚クラブ』から『裏窓』へ◉飯田豊一

出版人に聞く 12　三島由紀夫や澁澤龍彦が愛読した雑誌であり、廃刊後の今なお熱狂的なファンをもつ雑誌の全貌。伝説的アブノーマル雑誌の舞台裏が、元『裏窓』編集長の著者によって初めて語られる。　本体 1600 円

倶楽部雑誌探究◉塩澤実信

出版人に聞く 13　かつて大衆文学の隆盛をもたらした倶楽部雑誌は 1960 年代の中間小説雑誌の勃興とともにその姿を消した。倶楽部雑誌とは何だったのか。初めて語られる倶楽部雑誌の世界。　本体 1600 円

戦後の講談社と東都書房◉原田裕

出版人に聞く 14　卒寿をむかえた現在も出版芸術社の経営に携わる著者の 1946 年講談社入社から始まった出版人生。国内ミステリー刊行のエピソードと戦後出版史。知られざる「東都ミステリー」の謎を解く。　本体 1600 円

好評発売中

論　創　社

鈴木書店の成長と衰退◉小泉孝一

出版人に聞く 15　敗戦直後から今日までの流通ルート〈出版社―取次―書店〉の実像が初めて語られる。人文専門取次の鈴木書店、50 年の証言。2001 年の倒産後、10 年にして思う事。　**本体 1600 円**

三一新書の時代◉井家上隆幸

出版人に聞く 16　1958 年に三一書房に入社し、73 年に退社した著者は、60 年安保闘争・70 年大学闘争に編集者として対峙する。激動の時代を体験した著者が語る、新書の先駆け「三一新書」の全貌。　**本体 1600 円**

『週刊読書人』と戦後知識人◉植田康夫

出版人に聞く 17　1962 年に『週刊読書人』編集部に入った著者は、安保闘争後の 60 年代、三島由紀夫や大宅壮一の死に始まる 70 年代を編集者として疾走した。書評紙と知識人が同伴していた時代を語る。　**本体 1600 円**

グーグル日本上陸撃退記◉高須次郎

出版社の権利と流対協　2009 年春の「グーグルブック検索和解案」に唯一のオプトアウト＝離脱表明をした流対協会長のグーグル騒動始末記。国立国会図書館問題・著作隣接権にも言及。　**本体 1800 円**

出版販売試論◉畠山貞

新しい流通の可能性を求めて　明治以来の出版販売史を「過渡期」から「変革期」へと辿った著者が「責任販売制」の実際を検証し、「返品問題」解消の「取扱マージン制」の導入を提案する！　**本体 2000 円**

戦後出版史◉塩澤実信

昭和の雑誌・作家・編集者　単行本・雑誌は誰によって、どのように作られたのか？　綿密なフィールド・ワークを行い、貴重なエピソードを積み重ねた“戦後出版”の長編ドラマ！　**本体 3800 円**

出版とは闘争である◉西谷能英

出版の力と活字の力。出版業界の衰退がいわれる今日、本作りの主体である〈編集者〉の在り方と〈出版人〉の果たすべき役割を［出版文化再生］ブログで問い続ける、著者の辛口エッセイ集！　**本体 2000 円**

好評発売中